SV

edition suhrkamp digital

Angesichts der Havarie im Atomkraftwerk Fukushima Daiichi tappten alle wochenlang im Dunkeln: Was passierte wirklich in den Reaktorblöcken? War die Kernschmelze bereits eingetreten? Und ganz praktisch: Wie rechnet man eigentlich Sievert in Becquerel um? Kraftwerksbetreiber und Regierungsbehörden schienen überfordert, Medienberichte waren widersprüchlich, selbst den Geigerzählern war nicht zu trauen. In dieser Situation machte sich William T. Vollmann, ausgestattet mit einem Dosimeter und Jodtabletten aus dem Kalten Krieg, Anfang April auf den Weg ins japanische Katastrophengebiet.

»Vollmann reist durch ein zerstörtes, doppelt und dreifach heimgesuchtes Land, weil er mit eigenen Augen sehen will, was geschehen ist. Weil er es aufschreiben und so das Unbegreifbare, das Unsichtbare sichtbar machen will. Und dieses Unsichtbare ist nicht abstrakt, sondern ganz konkret. Es heißt Radioaktivität. Deswegen muss Vollmann bis zum Äußersten gehen, bis an die Grenze, in die Sperrzone eben.« (Richard Kämmerlings in der *Welt am Sonntag*)

William T. Vollmann, geboren 1959 in Los Angeles, lebt in Sacramento, Kalifornien. Er ist Autor zahlreicher Romane, Erzählbände und Sachbücher, für die er mehrfach ausgezeichnet wurde. Regelmäßige Veröffentlichungen in *The New Yorker, Esquire, Harper's* und anderen Zeitschriften. Zuletzt erschienen von ihm *Hobo Blues. Ein amerikanisches Nachtbild* (2008), *Afghanistan Picture Show oder Wie ich die Welt rettete* (suhrkamp taschenbuch, 2008) und der Roman *Huren für Gloria* (2006).

William T. Vollmann

SPERRZONE FUKUSHIMA

Ein Bericht

Aus dem Englischen
von Robin Detje

Suhrkamp

Coverfoto: ddp images /AP Photo/David Guttenfelder
Die Originalausgabe erschien 2011 unter dem Titel
*Into The Forbidden Zone – A Trip Through Hell and High Water
in Post-Earthquake Japan* im Verlag Byliner, Inc., San Francisco, USA

edition suhrkamp digital
Erste Auflage 2011
Copyright © 2011 by William T. Vollmann
© der deutschen Ausgabe Suhrkamp Verlag Berlin 2011
Deutsche Erstausgabe
Umschlag gestaltet nach einem Konzept von
Willy Fleckhaus: Bureau Johannes Erler
Druck: Druckhaus Nomos, Sinzheim
Printed in Germany
ISBN 978-3-518-06210-4

1 2 3 4 5 6 – 16 15 14 13 12 11

Inhalt

Sendai

Kesennuma

Oshima Island

Tamaru City

Ishinomaki

Funehiki

Koriyama

Futaba

Ono

Kawauchi

Tokiwa

Fukushima I & II

☆ **Tokyo**

Hiroshima

I. PIKARESKE IRRFAHRTEN EINES DOSIMETERS

ICH HATTE DIE GOLDENE REGEL des Journalismus – Zahn-
arzttermine einhalten! – schon ein paar Jahre lang vernachlässigt,
aber nun fügte ich mich den aktuellen Gegebenheiten Japans und
nahm eilig die Beziehungen zu meiner Dentalhygienikerin wieder
auf, die ihren Patienten den Rüssel einer Röntgenkamera an die
Backenknochen drückte und daher ein Dosimeter am blassrosa
Kittel trug. Ihr verdanke ich die Bekanntschaft mit der Telefonnummer von Carol (bei späteren Anrufen hob Ginger ab), die mir
eine Verbindung zu einem Händler namens Bob herstellte, der
durchblicken ließ, dass er noch einen Geigerzähler auf Lager hatte – oder, genauer gesagt, ein post-Geiger-Müller-artiges Teil, das
Bob zufolge (der es nicht selbst in der Hand gehabt hatte, sondern
Daten von irgendeinem Bildschirm zu interpolieren schien) ein
bisschen wie ein Taschenrechner aussah. Aktuelle und kumulierte
Belastung, Röntgen und Gamma, programmierbarer Belastungs-
alarm – richtig klasse! Egal, dass es weder Alpha- noch Beta-
Strahlung nachweisen konnte; wäre die nicht praktisch harmlos, solange ich keine verstrahlte Materie aufnahm? (Im Körper-
inneren, hieß es in meinem Handbuch für radioaktive Störfälle,
seien »Partikel, die Alpha- und Beta-Strahlung abgeben, die ge-
fährlichsten«, da sie »ionisierende Strahlung auf das umgebende
Gewebe übertragen und die DNA oder anderes Zellmaterial schädigen können«.)[1]

Fünfhundert Dollar zuzüglich Versandkosten, Zahlung nur
per Kreditkarte; so das Wort Bobs, der gewusst haben muss, dass
er gut lachen hatte, denn die anderen Firmen, die ich anrief, nahmen, da nach dem Reaktorunfall schon zwei Wochen ins Land
gegangen waren, nur noch Vorbestellungen entgegen. In Japan, so
hörte ich, waren überhaupt keine Dosimeter mehr zu bekommen.
Ich fragte mich laut, ob Bobs Produkt über einen Messstab verfü-
ge, den ich in mein Sashimi stecken könnte, das wäre doch *lustig*.

Bob wollte nichts von lustig wissen (er habe eine lange, schwere Woche hinter sich, erklärte er) und versicherte mir, ich könne den Apparat beispielsweise 15 Zentimeter vor ein Glas Trinkwasser halten, dann wisse ich wirklich Bescheid. Da es in großen Teilen des Katastrophengebiets kein Trinkwasser gab und die Wasserversorgung in Tokio mit schwankenden Graden von Radioaktivität gewürzt war, fand ich es sehr gewitzt, mich auf diese Möglichkeit punktgenauer Kontrolle zu stürzen.

In dieser Phase vor dem Abschluss hätte jeder Gebrauchtwagenkäufer, der auf sich hielt, an einen Reifen getreten und vielsagend genickt; mein Äquivalent dazu war die Frage, welche Maßeinheiten das Ding verwende. Millisievert und Millirem, antwortete Bob. Ich gestehe, dass ich mir bei seiner Antwort nicht mehr ganz frisch vorkam, denn zu meiner Zeit hatte man alles in Röntgen gemessen. Als ich meinen Freund, den pensionierten Röntgenologen, anrief, war er ganz auf meiner Seite und verkündete: »Ich bin zu alt, mich noch mit Millisievert abzugeben.« Aus meinen Uni-Tagen erinnerte ich mich dumpf, dass eine Dosis von 400 Röntgen tödlich war, und staubte mein Exemplar *Physical Chemistry* von 1966 ab, das mir verriet, die »Entwicklung des Atomreaktors, der eine wichtige Energiequelle zu werden verspricht«, bringe »viele komplizierte chemische Probleme mit sich«.[2] Wie hübsch. Und die »tödliche radioaktive Ganzkörper-Einzeldosis« für einen Menschen betrage ungefähr 500 Röntgen[3]; jetzt fiel mir alles wieder ein; nur dass ich mir besser die Umrechnung in Sievert angewöhnen sollte.

Mein hagerer schwedischer Nachbar erbot sich, mir seinen Geigerzähler zu leihen, ein Souvenir von seinen Geschäftsreisen in den Jüdischen Autonomen Oblast der Sowjetunion, aber ich konnte ihm nicht garantieren, dass ich ihn würde zurückbringen können. Auf meine Bitte nahm er direkt auf meinem Autostellplatz eine Messung vor, gut zehn Tage nachdem die radioaktive Wolke aus Japan offiziell unsere Stadt erreicht hatte. Der Zeiger auf der Skala verharrte bei null. Nun, hatte man uns nicht in der

Zeitung versprochen, dass die Belastung praktisch nicht spürbar sein würde? Seufzend fragte mein Nachbar sich, ob sein Spielzeug noch geeicht war. Er steckte es wieder in die abgenutzte Lederhülle, und weil ich sah, wie sehr er es liebte, wusste ich, dass ich Recht daran getan hatte, es in seiner Obhut zu belassen.

Mein neues Dosimeter (dessen Marke und Modellnummer ich so lange nicht einfüge, bis der Hersteller mich dafür bezahlt) erinnerte tatsächlich an einen Taschenrechner. Es war ein dickes blaues, langweiliges kleines Plastikteil mit Gürtelclip. Nach etwa einer Stunde hatte ich kapiert, wie man es einschaltet. Und wer hätte das gedacht? Die Zahl im kleinen Fenster war eine Null. Woher sollte ich wissen, ob es überhaupt funktionierte? Allerdings lag ein handsigniertes Eichzertifikat bei; und die Hintergrundstrahlung in Sacramento sollte sogar jetzt zu vernachlässigen sein, also war die Tatsache, dass im kleinen Fenster eine Null erschien und nichts als eine Null, kein Grund zum Misstrauen; trotzdem wollte ich mein Leben nicht einem Eichzertifikat anvertrauen.

Und so brachte mir eine freundliche Nachbarin mit Verbindungen zur örtlichen Feuerwache einen gepolsterten Umschlag mit der handgeschriebenen Warnung VORSICHT – STRAHLUNG ins Wohnzimmer. Meine zwölfjährige Tochter verzog vor Schreck das Gesicht; sie blieb lieber in der Küche. Heraus kam eine Plastikdose mit einer radioaktiven Punktquelle von unbekannter Strahlungsintensität, die meine Nachbarin nun mit bloßen Händen von ihrer Seite des Sofas auf meine beförderte. Meine Nachbarin versicherte mir, die Strahlung sei schwach und das gelte auch für die Überraschung, die es als Dreingabe dazu gab: einen orangeglasierten Essteller von ihrer Großtante Lou; eine Rarität, seit unsere Regierung diese orangefarbene Glasur für ihr Manhattan-Projekt beschlagnahmt hatte. Ich ließ mein Dosimeter an die Punktquelle und den Teller scheppern, jeweils gute fünf Sekunden lang, und auf dem Display erstrahlte zuverlässig weiter die Null. Zu gegebener Zeit sollte mir klarwerden, dass Bob den Leistungsumfang des Geräts falsch dargestellt hatte; von extremen Fällen abgesehen, konnte es ausschließlich radioaktive Einstrahlung messen, also die Radioaktivität, die einen umgibt wie die Luft. Der Unbedenklichkeit des Trinkwassers von Tokio würde ich blind vertrauen müssen. Missmutig hockte ich neben meiner Nachbarin, fragte mich, ob mein Spielzeug defekt geliefert worden war, und malte mir aus, wie die Strahlung mir das Bein verbrutzelte. Warum nahm sie nicht wenigstens den Teller weg?

Ich ließ mein Dosimeter die ganze Nacht über am Bett liegen, und am Morgen stand es noch immer auf null. Aber dann war es der Ratschluss der Strahlungsgötter, mir ein Zeichen zu senden. Da der Hirntumor meines besten Freundes wieder zu wachsen begonnen hatte (oder auch nicht, je nachdem, welchen Arzt man fragte), war die Zeit für die OP mit dem Gamma-Messer gekommen. Seine Frau und ich begleiteten ihn in die Cybermesser-Kammer, wo man ihn festschnallte. Dann setzten wir uns wieder ins Wartezimmer und machten uns Sorgen um ihn. In dieser Zeitspanne von zehn Minuten registrierte das Dosimeter 0,1 Millirem. Bedeutete das, dass hier Streustrahlung in der Luft war, oder einfach, dass mein Dosimeter in 0,1-Millirem-Schritten anzeigte? Egal, das Leben sah schon rosiger aus. Ich beschloss, Millisievert zu vergessen und ganz in Millirem zu machen.

Mein Handbuch für radioaktive Störfälle (ein Geschenk der Nachbarin mit dem orangefarbenen Teller) belehrte mich, 0,05 Millirem oder weniger pro Stunde fielen unter normale Hintergrundstrahlung; auch 0,1 Millirem seien noch nichts Außergewöhnliches; die Durchschnittsdosis (in den USA, wie ich vermute) liege bei 360 Millirem pro Jahr – ein erschreckend hoher Wert, denn bei 365 Tagen mit 0,1 Millirem kommt man nur auf 36,5 Millirem. Bestimmt hat unser Autor ein Paar Röntgenaufnahmen des Thorax, Langstreckenflüge und Pyjamapartys in Ritterburgen voller Radon mit eingerechnet. Ein Messwert von über 0,1 Millirem pro Stunde, erfuhr ich, sei besorgniserregend.[4] Ich war nicht besorgt, denn meine Messwerte in San Francisco und Sacramento lagen in der Größenordnung von 0,1 Millirem pro Tag.

Das Handbuch für radioaktive Störfälle riet mir, meine Dosis als Angehöriger von »Einsatzkräften« der besten offiziellen Sorte jederzeit auf 5 Rem zu begrenzen; das sollte also meine Obergrenze für Japan sein. 5 Rem, geteilt durch zehn Tage, das machte 500 Millirem pro Tag oder das Fünftausendfache dessen, dem ich in San Francisco ausgesetzt war. Der US-amerikanischen Umweltschutzbehörde zufolge konnten erste leichte Symptome bei 30 Rem auftreten. Strahlenkrankheit zeige sich bei 70 bis 100 Rem. Bei über 350 Rem seien Rückfälle nach der Gesundung wahrscheinlich. 250 bis 500 Rem seien für 50 Prozent der Menschen innerhalb von 60 Tagen tödlich. (Klingt Rem nicht ein wenig nach Röntgen? Stimmt, »rem« ist die Abkürzung für »*roentgen equivalent in man*«.) Bei 5000 Rem (oder auch 50 Sievert) sterben alle Patienten innerhalb von 48 Stunden.[5]

In Japan sprangen die Behörden fröhlich zwischen Millisievert pro Stunde für Luft und Becquerel für Trinkwasser hin und her. Ersteres ist eine Einheit für biologische Schädigung; Letzteres hat mit dem radioaktiven Zerfall von Atomkernen pro Sekunde zu tun. Mir ist dort drüben niemand begegnet, der beide auseinanderhalten konnte.

Meinem Freund Dave Golden, der überall mitmischt, gelang es irgendwie, mir einen Termin bei Dr. Jean Pouliot zu verschaffen, dem stellvertretenden Leiter der Onkologie am Mount Zion Hospital in San Francisco. Dr. Pouliot war ein sympathischer Mann mittleren Alters. Eine unaufgeregt kompetente, hübsche junge Physikerin namens Josephine Chen begleitete ihn. Dr. Pouliot schloss die Tür eines fensterlosen Raums auf, nahm ein Messgerät von der Größe eines kleinen Laptops und näherte sich einem Stahlschrank mit einer Strahlungswarnung an der Tür. Das Messgerät schlug nicht aus. Mein Dosimeter auch nicht. Seufzend schloss er den Schrank auf, schob ein Häuflein Bleiziegel beiseite und zog einen zylindrischen Gegenstand hervor. Noch immer zeigte sein Messgerät nichts an; offenbar war der Akku leer. Josephine hielt mein Dosimeter nah an den Gegenstand, und das

Alarmgeräusch ertönte. Ich war zufrieden. In unserer Viertelstunde in diesem Raum bescherte uns Gott himmlische 0,6 Millirem!

»Nun, das ist ein bisschen viel«, sagte Dr. Pouliot. »Vielleicht legen wir es besser wieder weg.«

Da sein Messgerät kaputt war, konnte ich mein Dosimeter nicht daran kalibrieren. Meine Erfahrung mit dem orangefarbenen Teller meiner Nachbarin hatte mir Grund zu der Vermutung gegeben, dass es im unteren Bereich unempfindlich oder ungenau war. Aber es regte sich doch wenigstens irgendwie. Ich hatte meine Hausaufgaben vielleicht nicht gut gemacht, aber ich hoffte auf eine Eins für Fleiß.

Dr. Pouliot fand meine Dosis von 5 Rem als Obergrenze ein wenig gefährlich. Als ich ihm die Seite in meinem Handbuch für radioaktive Störfälle mit der Empfehlung der Umweltbehörde zeigte, sagte er dann großzügig, die würden schon wissen, was sie tun.

Tags darauf flog ich nach Japan und setzte mich in elfeinhalb Stunden 1,2 Millirem aus (ungefähr einem Achtel einer Röntgenaufnahme des Thorax).[6]

II. EINE GESCHICHTE VON DINGEN, DIE KAUM ZU GLAUBEN SIND UND ZU VERSTEHEN SCHON GAR NICHT

AM 11. MÄRZ 2011 WURDE DIE Ostküste der japanischen Hauptinsel von einem Erdbeben der Stärke 9 getroffen. Ein Tsunami folgte. Am Tag bevor ich aus Tokio ins Katastrophengebiet aufbrach, summierten sich die Opferzahlen wie folgt: 12 175 Tote; 15 489 Vermisste; 2 858 Verletzte.[7] Zufällig befanden sich zwei Atomkraftwerke der Tokyo Electric Power Company (kurz: Tepco) im betroffenen Gebiet. Das Atomkraftwerk Fukushima Nr. 1 mit sechs Reaktorblöcken wies nach der Katastrophe mehr Risse und Lecks auf als sein Gegenstück ein paar Kilometer südlich. Am 26. März gab das Wasser im Reaktorblock Zwei des Kraftwerks Nr. 1 mindestens ein Sievert radioaktiver Strahlung pro Stunde ab.[8] Bei dieser Menge hätte ein Mensch seine 5-Rem-Dosis in etwa drei Minuten weg.

Die Lage schien wenig verheißungsvoll, umso mehr, als ich in Japan nicht der einzige Ignorant war:

27. März:

Frage: Woher kam dieses radioaktive Wasser?

Antwort: Kraftwerkverantwortliche und Beamte der Regierungsaufsicht sagen, sie wissen es nicht.[9]

3. April:

Bis Samstagnachmittag stand nicht fest, wie lange Wasser ausgetreten ist und um wie viel es sich handelt.[10]

Vor meiner Abreise nach Japan hatte Peter Bradford, ein ehemaliges Mitglied der amerikanischen Atomaufsichtsbehörde, der heute im Kuratorium der *Union of Concerned Scientists* saß, mir gesagt: »Es beunruhigt mich zunehmend, dass die Öffentlichkeit in Japan keine genauen Informationen erhält. In der ersten Woche habe ich geglaubt, die japanische Regierung sei mit gutem Grund vorsichtig. In der dritten Woche mehren sich die Anzeichen dafür, dass Einzelheiten zurückgehalten werden. Gerade jetzt gibt es da erstens die extrem hohen Strahlungsmesswerte, die als fehlerhaft bezeichnet wurden, und zweitens die Entdeckung von Jod-134, das eine sehr kurze Halbwertszeit hat und nur bei einer Rekritikalität auftreten kann, und auch da wurde von einem Fehler gesprochen. Das macht schon zwei Fehler.«

»Was wäre der schlimmste Fall?«

»Wenn es in einem der Reaktorkerne zu einer kritischen Reaktion käme, zu einer Nuklearexplosion, auch wenn sie klein wäre.«

»Ein wie großer Teil Japans würde unbewohnbar werden?«

»Das ist schwer zu sagen. Hängt ganz vom Wind ab. Bisher hatten die Japaner Glück, weil der Wind aus Westen kam, nach Osten aufs Meer hinaus.«

WARUM DIESEM ESSAY DIE STATISTIKEN FEHLEN

Obwohl meine Akkreditierung als Journalist die wenigen Japaner, die sich für dieses Dokument interessierten, davon in Kenntnis setzte, dass es zu meinen Aufgaben gehöre, »für unsere Publikation Individuen und Beamte zu interviewen«, sah ich es nicht als meine Aufgabe an, Zahlen zu Opfern, Strahlungsintensität etc. zu sammeln, die sehr wohl gefälscht sein konnten und gewiss bald überholt sein würden. (Die atemberaubende Fähigkeit des japanischen Beamten, rein gar nichts zu sagen, wird nur vom absurden Ausmaß des Vertrauens übertroffen, das die Öffentlichkeit in ihn setzt; während das zynische Misstrauen der US-amerikanischen Wählerschaft ihre perfekte Entsprechung in der selbstgefälligen, manchmal vollmundigen Unaufrichtigkeit ihrer Amtsträger findet.)

Ich konnte mir außerdem nicht vorstellen, dass »Experten« mehr zu den wirklich gravierenden Fragen zu sagen hätten, die diese fortdauernde Tragödie aufwarf, als die unmittelbar Betroffenen. Schließlich konnte ich auch keinen Nutzen darin erkennen, die Menschen aufzuspüren, deren emotionales Leid am größten war. Sie werden sehen, dass meine Interviewpartner, bei allen materiellen Verwüstungen, relativ viel »Glück« gehabt haben. Nur die Familie in Ishinomaki hatte eines ihrer Mitglieder verloren – bisher. Die Auswahl war kaum das Ergebnis meines gezielten Vorgehens, vielmehr die Folge der Tatsache, dass, wer nicht um einen Angehörigen trauert, sein Herz einem Fremden eher öffnet; es war also wahrscheinlicher, dass ich solchen Menschen begegnete.

Wie vorsichtig und behutsam ich mir mein Vorgehen auch dachte, unanfechtbar machte es mich nicht. Meine Dolmetscherin, die mir seit vielen Jahren nahestand, war so reizbar und lustlos, wie ich sie nie erlebt hatte; sie gab zu, dass sie deprimiert war, ganz zu schweigen von ihrem Zorn auf Tepco und ihre Regierung. Ihre Kusine, die mir nie begegnet war, ging davon aus, dass ich keinen Schaden anrichten könnte, und ermahnte mich daher, a) niemanden ohne einen japanischen Beistand zu interviewen, einen Vermittler; b) meine Interviewpartner zu Anfang jedes Gesprächs aufzufordern, unliebsame Fragen nicht zu beantworten; und vor allem c) zu zahlen, zahlen, zahlen. Ich hatte immer geglaubt, dass ich genau das tat, wann immer ich Japan besuchte; ich war gewöhnt, nagelneue Zehntausend-Yen-Scheine in »Erkenntlichkeitsumschläge« zu stecken. Früher waren das etwas über 80 US-Dollar; heute waren es 125. Ich war bereit, diesen Betrag weiter auszuzahlen, besonders an Menschen in Not; meine Dolmetscherin und ihre Kusine jedoch fanden eine so kleine Summe »undenkbar«. Sie erwarteten, dass ich wenigstens 40 000 bis 50 000 Yen zahlte. Ich schaltete auf stur und forderte die Dolmetscherin auf, ihr Herz zu öffnen und auf die Beträge in meinen Umschlägen draufzulegen, was immer sie wollte, was sie auch tat, nicht ohne stummen Groll; ich bin sicher, sie hat bestimmt ihren gesamten Verdienst ausgegeben. Wir ließen es dann bei unserem Dissens. Mit diesem hässlichen Zwischenfall begann unsere Arbeit.

An jenem Tag und allen folgenden hatte ich immer das Dosimeter im Blick und las es vielleicht öfter ab als nötig, aber ich konnte nicht wissen, wie bekömmlich die Luft von Stunde zu Stunde sein würde. Tatsächlich zeigte das Display 0,1-Millirem-Schritte an; es gab nichts dazwischen. In San Francisco hatte es, wie gesagt, ungefähr alle 24 Stunden ebenjene 0,1 Millirem registriert, wobei die Anzeige sich irgendwann in der Nacht änderte. Auf dem Flug nach Japan wurde ich mit 1,2 Millirem belohnt, der kürzere Rückflug sollte es auf 0,8 bringen; beides ließ sich auf etwa ein Millirem pro Stunde umrechnen. In Tokio glichen die Strahlungswerte im Wesentlichen jenen in San Francisco, was mich für mich und all meine Mitmenschen freute.

Um sechs Uhr früh betrug der kumulierte Messwert 1,5. Mein Bus fuhr um acht in Tokio ab. Ich befand mich, sagen wir, 230 Kilometer vom Reaktor entfernt.[11] Die Pflaumenbäume blühten bereits; im Süden dürfte schon die Kirschblüte eingesetzt haben. Kurz vor zwölf hielten wir zum Mittagessen in Koriyama, 58 Kilometer vom Gefahrenort entfernt, das von Bergen umstandene Land öffnete sich, die Reisfelder waren strohgelb (ein Monat noch bis zur Pflanzzeit), und auf den Gipfeln im Westen glänzte der Schnee; da schaltete die Anzeige um auf 1,6. Wir hatten die Region Tohoku erreicht, von meiner Dolmetscherin Japans Kornkammer genannt, wobei sie hinzufügte: »Ich mache mir solche Sorgen um die Zukunft.« Im Restaurant mit angeschlossenem Laden waren viele Artikel ausverkauft. Hier machten sich auch die japanischen Verteidigungsstreitkräfte bemerkbar; die Soldaten trugen flache Kappen oder Schutzhelme. Wir setzten unsere Reise nach Norden fort, bis wir uns auf der Höhe von Kraftwerk Nr. 1 befanden, dann fuhren wir weiter und erreichten am Nachmittag Sendai (208 Kilometer vom bösen Ort entfernt). Dem Dosimeter nach schätzte ich, dass die Strahlung in Koriyama mindestens doppelt so hoch sein musste wie in Tokio, was ich bei meiner Rückkehr dorthin überprüfen wollte, sobald der ungefährlichere Teil meiner Arbeit abgeschlossen wäre.

In Tokio waren die Belastungen durch die Katastrophe kaum noch zu bemerken: hier und da ein Stromausfall, Mangel an Windeln und Hygienetüchern, die man den Verwandten im Notstandsgebiet schickte. Was Sendai anging – dort verbesserte sich die Lage; der Flughafen war zwar noch nicht wieder geöffnet, Gas zum Heizen war weiterhin nicht zu haben, und Milch, Joghurt, Eier und Zigaretten waren knapp, aber wenigstens hatte es mit der zweistündigen Wartezeit an den Tankstellen ein Ende, und es gab wieder Strom. Die Innenstadt wirkte unberührt, solange man nicht umherspazierte und auf die Warnschilder an diesem oder jenem Gebäude stieß.

Ich nahm mir ein Taxi in das Wakabayashi-Viertel von Sendai, das schwerer betroffen war.

»Ich hatte Dienst und war auf Tour«, sagte der Fahrer, der Sato Masayoshi hieß.[12] »Ich hatte keine Fahrgäste. Ich hörte die Erdbebenwarnung im Radio. Ich suchte mir einen freien Platz zum Parken, weil die Häuser schwankten. Man konnte nicht stehen! Ich hockte auf dem Mittelstreifen. Es dauerte gute zwei Minuten, eine Bewegung von Osten nach Süden und zurück, seitwärts.[13] Als die Erschütterungen nachließen, stieg ich aus dem Taxi, versuchte es mit meinem Handy, das kein Netz hatte, und rief dann aus einer Telefonzelle bei meiner Familie an. Es klingelte und klingelte, aber niemand nahm ab. Also bin ich zum Büro gefahren, bekam die Erlaubnis, mir frei zu nehmen, und bin schnell nach Hause. Die Verkehrsstaus waren schrecklich, aber ansonsten ging es allen gut. Wir hatten drei Tage lang keinen Strom. Meine Enkelkinder fanden das lustig.«

Er zeigte mit dem Finger. »Da drüben, das ist das Restaurant, das so gewackelt hat. Und sehen Sie, die Tankstelle! Die Decke ist eingestürzt …«

»Ist der Tsunami bis hierher gekommen?«

»Nein, das war alles das Beben.«

»Was war Ihre Meinung, als Sie das erste Mal von dem Reaktorunfall gehört haben?«

»Sendai ist 80 oder 90 Kilometer vom Kraftwerk entfernt,[14] also machte ich mir keine großen Sorgen. Um diese Jahreszeit haben wir ablandigen Wind, aufs Meer hinaus. Wenn der Wind auf Süd dreht, dann wird es schwierig. Sie müssen das stark kontaminierte Wasser ablassen, heißt es …«

Dieses Wort bekam ich oft zu hören: *kontaminiert*. Es klang weniger furchterregend als *radioaktiv*.

»Wie stark ist das Meer vor Sendai kontaminiert?«

»Ich glaube nicht, dass sie das schon gemessen haben.«

Ich blickte auf das Dosimeter in meiner Hemdtasche hinab und freute mich, dass es noch immer 1,6 anzeigte. Wir kamen zu einem Schuppen, der aus dem Fundament gerissen worden war. Ich fotografierte ihn, und dann sagte der Fahrer mit einem Unterton der Entrüstung: »Heute, ein Fischerboot in Chosi Port,[15] man hat ihren Fang zurückgewiesen, ohne jede Inspektion!«

Ich fragte mich laut, ob Fisch und Aale und Nahrungsmittel dieser Art jetzt vielleicht gefährlich seien. Der Fahrer wollte nicht genauer darüber nachdenken oder vielleicht einfach wieder zur Tagesordnung übergehen und verkündete wie ein Reiseführer: »Und jetzt biegen wir rechts ab und fahren an eine Stelle, wo die Häuser weg sind. Links haben wir hier eine größere Straße. An manchen Stellen hat sie das Wasser aufgehalten. Von den Menschen, die auf den Straßendamm hinaufgelaufen sind, haben einige überlebt.«

»Haben Sie Angst vor dem nächsten Beben?«

»Das Miyagi-Beben von 1978 ist lange her. Dieses letzte war nicht das, von dem die Experten geredet hatten. Die Menschen reden über das nächste; ja, vielleicht kommt wieder eins … Hier ist das Wasser gekommen«, fuhr er fort und wies über die mit umgestürzten Bäumen und Baumstümpfen gesprenkelte Schlammwüste. »Fünf oder sechs Jahre lang wird man hier nichts mehr anbauen können, wegen des Salzwassers. Sie haben Sojabohnen gezogen.«

Eine umgestürzte Kiefer, Kabel, Schlammhaufen, verbogene Rohre, Eisenroste, umgekippte Masten, so dick wie meine Schulter, diese traurigen und hässlichen Dinge tauchten gleichförmig bis an den Schlammhorizont immer wieder auf. Auf einer Seite der Straße waren die früheren Felder mit Meerwasser überflutet.

Auf der anderen, am Rand von schwappendem Schlick (frühere Reisfelder), stützte ein zweigeschossiges Haus ohne Fenster, aber offenbar intakt, ein zweites, das es dagegen geschleudert hatte, das Dach verdreht wie Teile einer zerstörten Panzerung; beide Gebäude erstickten im Müll. Eine Einheit von Angehörigen der Selbstverteidigungsstreitkräfte aus Hokkaido mit Schutzbrillen, geflochtenen Gürteln, Stiefeln und Tarnanzügen nahmen die beiden Häuser auf der Suche nach Leichen auseinander. Der Spruch, den man oft auf ihren Helmen sah, lautete: »Kopf hoch, Sendai!« Vom Meer wehte eine kühle Brise; ich fragte mich, ob sie mit verstrahlten Teilchen vergiftet war. Wie auch immer, mein Dosimeter zeigte noch immer 1,6 an. Auf allen Grundstücken wahrten Müllhaufen, die einmal Häuser gewesen waren, ihre Geheimnisse. Allein in dieser Präfektur waren 7 800 Menschen ums Leben gekommen, den aktuellen Zahlen zufolge. Hier kam ein Zivilist auf einem Fahrrad, ernst und hager, fuhr auf dem Feldweg an uns vorüber, hinab zwischen die Häuserstümpfe; er suchte wohl nach seinem Haus. Langsam, während die Soldaten herumstanden, öffnete und schloss sich die Klaue des Baggers und zog einen Haufen knackender Baumstümpfe hervor. Ein junger Soldat informierte mich, man habe noch keine Leichen gefunden. Als ich ihn fotografierte, stand er stramm. Die Strahlung mache ihm keine Angst, sagte er; die Wahrscheinlichkeit, dass sie bis hierher komme, sei gering.

Das mit Müll übersäte Flachland lässt sich nur schwer beschreiben; alles war bis zur Bedeutungslosigkeit zermahlen, ein paar Fundamente konnte man noch sehen. Einer der Kollegen des Fahrers hatte hier gewohnt. Jetzt war er bei seinem Sohn untergekommen. Die Stadtviertel Okada, Gamo, Shiratori und Arahama waren verschwunden. Das ehemalige Altersheim war voller Schutt und entwurzelter Bäume. Die Bäume verrotteten schon, so dass sie die Häuserwände, an denen sie lehnten, durchdrangen wie fein gewobener Rattan, vollendet angepasst vom Webmeister und Polsterer namens Tod. Gelegentlich waren die leeren Tür- und

Fensteröffnungen stabilerer Häuser mit blauer Plane abgeklebt. Wir fuhren langsam durch den Schlickgeruch nach Süden, in Richtung Natori-Fluss, vorbei an gekräuselten blauen und grauen Wasserflächen und einem Schild: Seaside Park Adventure Field.

»Mir fehlen die Worte«, sagte der Fahrer.

Wir sahen Schlamm und Schlick und glänzendes Wasser, ein Auto, bis zur Motorhaube im Wasser, einen Polizisten mit Schutzhelm, noch mehr umgestürzte Bäume, einen umgekippten Sportwagen; das Licht spielte währenddessen hübsch auf den Reisfeldern. An einer Stelle war die Straße unterspült; der Asphalt sah idiotisch aus, wie er so in der Luft hing.

»Sind die meisten Menschen ertrunken oder zerschmettert worden?«

»Ertrunken, glaube ich. Einige der Autos standen in einem Verkehrsstau. Ich weiß von einem, der auf eine Kiefer geklettert ist, um zu überleben. Es war schlau von ihm, sein Auto aufzugeben.«

Die kühle Luft kratzte mir im Hals wie Staub. Fahrer und Dolmetscherin trugen Mundschutz. Ich sorgte mich noch ein wenig wegen der Beta-Strahlung, beschloss aber, mich auf das Quadratabstandsgesetz zu verlassen, dem zufolge die Strahlung, grob gesagt, abnimmt, wenn sie sich von ihrer Quelle aus über eine größere Fläche ausbreitet. Die Natori-Brücke war mit einem Fass mit Schachbrettmuster abgesperrt worden. Mutlos stand ein Mann mit Leuchtstab und Schutzhelm neben einem blinkenden Polizeiwagen. Hinter ihm hatte es ein Boot seitlich in den Schlick gerammt.

»Fahrer, glauben Sie, Atomkraft ist klug oder unklug?«

»In dieser Präfektur gibt es drei Atomkraftwerke. Sie stehen höher als die von Tepco, ich glaube, das ist gut so.«

»Dann sind Sie für die Atomkraft?«

»Na ja, wegen des Treibhauseffekts sind Öl und Kohle nicht sauber, also glaube ich, Atomkraft ist gut, solange sie die Sicherheit garantieren.«

Eine alte Frau in Schlabberkleidern und mit einem flatternden Tuch stolperte die Straße entlang. Ein kleiner Friedhof tauchte auf, alle Grabsteine standen aufrecht, aber zwischen ihnen war Schlamm, widerwärtig aufgeworfen. Im Hafen schien der Messepalast von außen in gutem Zustand zu sein. Ein glitzernder Haufen Toyotas, die auf die Ausfuhr gewartet hatten, war zerschmettert worden. Der frische Lack auf den Autowracks bot einen seltsamen Anblick.

»Und was passiert in der anderen Jahreszeit, wenn der Südwind landeinwärts weht?«

»Nun, das kommt bei uns nicht so oft vor.«

»Einmal könnte genügen«, sagte ich.

»Das stimmt!«, sagte er mit einem Lachen.

SCHLEMMEN

Weil sich in Sendai Horden von Soldaten und Freiwilligen drängten (das gesamte Metropolitan Hotel war den Einsatzkräften zur Verfügung gestellt worden), kam ich an einer heißen Quelle unter, mehr als eine Busstunde vor der Stadt. Hier wohnten diverse bedauernswerte Angestellte der Osaka Gas Company, und morgens sah man draußen manchmal eine Lastwagenfuhre Soldaten. Das Hotel war halb leer, ein zweitklassiger Laden mit eingeschweißtem Sashimi. Aber der Inbrunst der zahlreichen Vorschriften musste man Bewunderung zollen. (»Ihrem Wunsch, die Bäder betrunken oder mit Tätowierungen am Körper zu besuchen, werden wir keinesfalls nachkommen.«)[16] Die Kellnerin versicherte mir stolz, die Kost stamme so weit wie möglich aus der Umgebung, also packte mich beim Essen wieder die Wut auf Bob, den Händler, der mir einen Messstab versprochen, aber nie geliefert hatte, und natürlich auf Tepco; denn wie konnte ich wissen, wie karzinogen der Fisch war, ganz zu schweigen von der Beilage aus nicht mehr ganz frischem Salat oder der Krebsschere in der Suppe? Dass ich etwas zu essen hatte, während so viele andere hungern mussten, wusste ich sehr wohl zu schätzen; auch galt meine Sorge nicht mir selbst, denn als Mann in den Fünfzigern hatte man schon eine Art Sieg errungen; aber was war mit den schwangeren Frauen, den kleinen Kindern, den Menschen, vor denen noch Jahrzehnte lagen, auf die sie sich hätten freuen können? In den Worten der Zeitung von gestern:»Regierung hält Zahlen über Strahlung zurück: IAEA wird informiert, die Öffentlichkeit nicht.«

Im Hauptteil des Artikels erklärte ein ungenannter Sprecher des Wetteramts, die japanische Regierung treffe ihre eigenen Vorhersagen – dass man nur eine einzige herausgegeben habe, sei kein Problem, denn, wie ein Beamter namens Seiji Shioya erklärte,»das können wir nicht machen, sie sind zu ungenau«. Der ungenannte Sprecher merkte dann an:»Wenn die Regierung widersprüchliche Zahlen veröffentlicht, könnte das in der Gesellschaft zu Unruhe führen.«[17] Operierten die offiziellen Statistiken deshalb mit unterschiedlichen Maßeinheiten, so dass das Trinkwasser in Koriyama für sicher erklärt wurde, da seine Radioaktivität unter 100 Becquerel liege, während die Zeitung die radioaktive Strahlung in dieser oder jener Stadt in Millisievert pro Stunde angab? Ich begegnete keinem Menschen, der wusste, was diese Zahlen bedeuteten. Wie praktisch! Und so schob ich mir mit meinen Stäbchen das nächste aufgetaute Stückchen Pferdemakrele in den Mund und fragte mich, wie unbedenklich es wohl war.

BEDÜRFNISSE DES AUGENBLICKS

Falls es Ihnen noch nicht aufgefallen sein sollte, für mich war die Sache mit dem Reaktor die eigentliche Story. So traurig das Erdbeben und der Tsunami auch gewesen sein mochten, der Schaden war angerichtet, die Menschen waren tot und der Besitz vernichtet; nun konnte man sich bis zum nächsten Beben mit dem Wiederaufbau beschäftigen. Aber dieser andere Schrecken, verpackt in Becquerel, Sievert und Millirem, begann gerade erst, und niemand wusste, wie schlimm die Sache stand. (Ich hatte Peter Bradford gefragt: »Könnte das hier in den Staaten passieren? Soweit ich weiß, haben wir ein paar Reaktoren des japanischen Typs.«

»Ich denke, die Wahrscheinlichkeit hängt weniger vom Reaktortyp ab als von der Tatsache, dass wir uns angesichts dessen, was man als Störfall der Stufe 7 bezeichnet hat, ebenso sehr in falscher Sicherheit wiegen wie die Japaner. Ich glaube nicht, dass wir weniger gefährdet sind als die Japaner.«)

Es mag unpassend sein, im Angesicht von Beben, Tsunami und damit einhergehender Reaktorkatastrophe die Worte Buddhas zu zitieren: »Nichts auf dieser Welt ist von Dauer; alles wandelt sich, ist flüchtig und unberechenbar. Aber die Menschen sind selbstsüchtig und dumm und immer nur mit den Wünschen und dem Leid des Augenblicks beschäftigt. Sie hören nicht auf die weisen Lehren; sie versuchen nicht, sie zu verstehen; sie widmen sich einfach den Bedürfnissen des Augenblicks, der Geldgier und der Lust«[18] – zum Beispiel dem Streben nach den Steuervorteilen für die Anwohner eines Atomreaktors, ganz abgesehen von dem, was der Reaktor alles möglich macht und antreibt. In Tokio wird es im U-Bahn-Waggon ein oder zwei Haltestellen lang dunkel, zweifellos der Stromengpässe wegen. Der Infoschirm an der linken Tür belehrt uns, dass eine Linie wegen »Blackouts« außer Betrieb sei und zwei Hochgeschwindigkeitszüge wegen »Erdbebens« gestrichen wurden.

Der blasse junge Geschäftsmann gegenüber blickte über seinen weißen Mundschutz auf seinen glänzenden Laptop; die stilisierten gelben Mann- und Fraufiguren leuchteten nebeneinander in ihrem schwarzen Kasten und informierten uns, dass beide Toiletten besetzt seien; und weiter ging unser Flug über Häuser und Gärten. Aus der Perspektive des Buddha ist es kaum von Bedeutung, ob diese ganze Leichtigkeit ihren Ursprung in Uran-Pellets, Solarzellen oder einem Perpetuum mobile hat; es ist sowieso allein unsere Selbstgefälligkeit, die all die hübschen Dächer und Bäume dieses Augenblicks davor schützt, in jene Trümmer zu sinken, in die der nächste Augenblick sie sehr wohl verwandeln kann. Aber wie vielen von uns (von Mönchen abgesehen) gelingt es schon, zu leben und zu hoffen – mit anderen Worten, unseren Augenblicksbedürfnissen zu folgen –, ohne unser unausweichliches Ende außer Acht zu lassen? Gewiss sind wir »besser dran«, wenn wir so tun, als könne der Hochgeschwindigkeitszug nicht entgleisen. Das Risiko ist gering; wir werden wahrscheinlich an etwas anderem sterben. Wenn die Gefahr näher rückt, widerspricht es den Bedürfnissen des Augenblicks, sie zu missachten. Je aktueller unsere Bedürfnisse, je weniger aktuell – wirklich oder scheinbar – die Gefahr, desto verführerischer wird ihre Missachtung.

Und so erklärt sich die folgende Parabel, die ich dem Oberhaupt der Familie verdanke, die mich auf der Insel Oshima aufnahm. Als der Mann mir im dunklen und kalten, mit Schlamm verschmutzten Esszimmer Sake nachschenkte, erzählte er, nach einem berüchtigten Tsunami in der Meiji-Zeit[19] habe man viele Ufergrundstücke hier und anderenorts für die Wiederbesiedlung gesperrt, aber »irgendwie«, fuhr er mit einem Augenzwinkern fort, hätten die Menschen das vergessen oder den Erlass umgangen. Natürlich hätte der jüngste Schrecken auch dann eine Unzahl von Opfern mitgerissen, wenn man dem Erlass gefolgt wäre, weil die Flutwelle höher war als alle, die damals die Menschen der Meiji-Zeit erlebt hatten. Wer will den Einwohnern Oshimas vorwerfen, das nicht vorhergesehen zu haben?

Die Ingenieure und Vorstandsvorsitzenden der Unternehmen jedoch, die Gouverneure der Präfekturen, die Behörden, deren Aufgabe darin bestehen sollte, die öffentliche Sicherheit zu verbessern, diese Hauptakteure auf der Bühne der Gesellschaft müssen zur Verantwortung gezogen werden, sobald sie sich ihren eigenen aktuellen Bedürfnissen widmen. Mein Grund, standfest gegen die Atomkraft zu sein, ist so offensichtlich, dass es mich immer wieder erstaunt, dass mir nicht jeder Mensch auf Erden beipflichtet: Gefährlich strahlender radioaktiver Abfall muss für Zeiträume gelagert und bewacht werden, die den Bezugsrahmen einer jeden Zivilisation auf irrwitzige Weise sprengen. Könnte man diese verbrauchten Brennstäbe nach, sagen wir, fünf Jahren für harmlos erklären, selbst dann würden Sorglosigkeit und Habgier mich noch beunruhigen, aber ich wäre zumindest bereit, davon auszugehen, dass die Atomkraft nützlich sein könnte. Auch mit dieser Haltung müsste man mich allerdings noch immer zu jenen selbstgefälligen Ignoranten zählen, denen Buddhas Warnung galt.

Klage und Rechtfertigung der Firma Tepco – wie kann man von uns erwarten, einen so hohen Tsunami vorherzusehen? – sind beinahe legitim, greifen vielleicht aber zu kurz. »Die Kühleinrichtungen haben das Erdbeben unbeschadet überstanden, zumindest zum Teil«, erklärte meine Dolmetscherin. »Zur Katastrophe kam es, weil die Kühleinrichtung vom Tsunami völlig zerstört wurde. *Die Kühleinrichtung befand sich dichter am Meeresspiegel als der Reaktor.* Man ging von 5,7-Meter-Tsunamis aus, während der Tsunami tatsächlich 14 Meter hoch war.« Hätte Tepco also auf einen 14-Meter-Tsunami vorbereitet sein müssen?

Wie immer Ihre Antwort auch ausfallen mag, bitte erwägen Sie die Mahnung des Buddha noch ein wenig länger. »Sie hören nicht auf die weisen Lehren; sie versuchen nicht, sie zu verstehen; sie widmen sich einfach den Bedürfnissen des Augenblicks, der Geldgier und der Lust.« Wenn unsere aktuellen Bedürfnisse von uns verlangen, immer mehr Energie zu verbrauchen, dann kann es sein, dass gefährliche Formen der Energiegewinnung akzeptabel werden. Praktisch gesagt, ist jeder einzelne Japaner (oder Amerikaner) dem Bau von Atomkraftwerken gegenüber machtlos. Aber bitte erwägen Sie beim Lesen dieser Geschichte, wie oft Sie die Reaktorkatastrophe von Fukushima sich noch ereignen sehen möchten. Falls Sie mir am Ende beipflichten, sollten Sie ins Auge fassen, in windgeschützte Lagen umzuziehen.

Unweit eines unscheinbaren Einkaufszentrums, wo Mitglieder einer Gruppe namens Antiatom mit Petitionen gegen Atomwaffen und -reaktoren hausieren gingen, steht in einem beinahe unbeschädigten Stadtviertel die Sendai City War Reconstruction Memorial Hall, die gerade als Notunterkunft für einunddreißig freiwillig aus Fukushima Evakuierte diente. Man trat durch die Hintertür ein, weil die Eingangshalle nach dem Beben einsturzgefährdet war. In Japan sind die nachbarschaftlichen Beziehungen so eng, dass Gemeinden oft im Ganzen umsiedeln. Daher beherbergte die Memorial Hall Menschen aus einem spezifischen Gebiet: aus dem nördlichen Sektor der strahlenvergifteten Zone.

Anstatt einen Amtsträger zu suchen, der mir vielleicht den Zutritt verweigert hätte (man hatte mir bereits in verschiedenen Notunterkünften verboten, dort zu übernachten), lauerte ich dem erstbesten nichtuniformierten Menschen auf, der nicht in Eile schien – und landete bei einer ungefähr 25-jährigen Frau mit Brille, die aus dem Bezirk Haramachi-ku der Stadt Minami Soma geflüchtet war.

Behördlicherseits waren zwei Kreise um das Kraftwerk Nr. 1 gezogen worden. Der innere, mit einem Durchmesser von 20 Kilometern, bezeichnete eine Zone der Zwangsevakuierung. Bewohnern des äußeren Kreises dagegen wurde das Verlassen des Gebietes – auf eigene Kosten – lediglich angeraten; sie durften bleiben, wenn sie wollten, und sollten sich so weit wie möglich in geschlossenen Räumen aufhalten. Die Frau, die Hotsuki Minako hieß, hatte im äußeren Kreis gewohnt.

Sie sagte: »Am Freitag gab es ein Erdbeben. Am Sonntag und Montag hieß es in den Nachrichten, man solle in den Häusern bleiben. Wir wollten abwarten, aber weil wir Kinder haben, sind zunächst nur meine beiden Kinder und ich mit meinem Mann nach Sendai gekommen. Nach ein paar Tagen sind die Eltern meines Mannes nachgekommen.«

»Ihr Haus steht nun also leer?«

»Ja.«

»Könnten Sie mir genauer erzählen, wie sie Minami Soma verlassen haben?«

»Als wir das Video von der Reaktorexplosion gesehen haben, sind wir sofort los. Selbst nach der Explosion glaubten wir noch, wir könnten irgendwann zurückkehren …«

»Haben Sie die Explosion gespürt oder gehört?«

»Nein. Wir haben nur die Bilder im Fernsehen gesehen. Es gab drei Explosionen, glaube ich« – sie hielt sich die Faust vor den Mund und überlegte. »Und wir waren besorgt, der Kinder wegen. Sonst wären wir einfach im Haus geblieben.«

»Wenn sich jemand um Ihre Kinder kümmern würde, würden Sie dann irgendwann wieder zurückgehen?«

»Wir haben hier kein schlechtes Leben, also ist es uns mit der Rückkehr nicht so dringend.«

Sie hatte ein sehr rundes, mädchenhaftes Gesicht; ihr Pony lag auf ihren dicken Augenbrauen. Ihr blaues Kapuzenshirt sah zu groß an ihr aus.

Bald, so glaubte sie, würden sie und ihre Nachbarn wieder umziehen müssen, in ein Hotel, »damit sich die Gemeinde nicht auflöst«. Sie hatten schon bei Verwandten Station gemacht, dann in einer Grundschule. Sie ging davon aus, dass sie nach dem Hotel erneut umgesiedelt werden würden.

»Glauben Sie, dass Sie in absehbarer Zeit wieder nach Hause können?«

»Mein Gefühl sagt mir, dass es ein Jahr dauern wird oder länger.«

»Wenn Sie an Strahlung denken, was kommt Ihnen in den Sinn?«

»Ich habe bei einem Tochterunternehmen von Tepco im Büro gearbeitet. Also weiß ich über die Gefahren der Radioaktivität und den Umgang damit Bescheid, aber es hieß, so gefährlich sei sie auch wieder nicht. Heute, wenn ich im Fernsehen höre, dass sie das Blut schädigen kann und so weiter, na ja, das wusste ich nicht.«

»War Tepco ein guter Arbeitgeber?«

»Den Arbeitern in der Nuklearanlage scheint ihr Job gefallen zu haben, aber ich habe sie nur einmal im Monat gesehen. Ich saß ja in einem Büro.«

»Wie kommen Sie heute mit dem Geld zurecht?«

»Wir greifen unser Erspartes an. Ich habe gehört, die Stadt wolle rund 50000 Yen pro Haushalt zahlen,[20] aber ich habe es nicht geschafft, mich dafür registrieren zu lassen. Das Rathaus ist nicht richtig in Betrieb. Ich habe meine Arbeit verloren, aber ich weiß nicht, ob ich in dieser Präfektur Arbeitslosengeld beantragen kann.«

»Sollen wir für Sie auf dem Amt nachfragen?«

»Meine Firma hat noch nicht alle Formalitäten erledigt, das geht also nicht.«

Sie hatte zwei Kinder, sieben und fünf Jahre alt. Sie waren gerade mit ihrem Mann im Park. Ich fragte, wie sie zurechtkämen, und sie antwortete: »Sie haben sich zurückentwickelt. Zuhause konnten sie alles allein. Hier, und ich weiß nicht, ob das daher kommt, dass wir schon so lange so leben, sagen sie: ›Das kann ich nicht …‹«

Ich bat sie, mir zu zeigen, wie ihre Familie lebte. Sie zögerte. »Meine Schwiegermutter ist ein wenig deprimiert, also …« Am Ende bekam ich sie dazu, die ältere Dame wenigstens zu fragen. Diese bat mich und die Dolmetscherin höflich in den langgestreckten, fast leeren Raum, auf dessen Boden viele lange, schmale Tatamimatten ausgebreitet lagen, sehr hell und sauber, mit ein paar Taschen voller Habseligkeiten säuberlich aufgereiht an einer Wand. Laken und Decken waren säuberlich gefaltet und aufgestapelt.

Hotsuki Keiko, die Schwiegermutter, hatte sich hingelegt. Als wir hereinkamen, setzte sie sich auf, lächelte höflich, senkte den Blick und reckte sich diskret; vielleicht hatte sie geschlafen. Sie wirkte nicht viel älter als ihre Schwiegertochter. Ich verbeugte mich so respektvoll wie möglich und erkundigte mich, wie sie das Erdbeben erlebt habe.

»Ich war gerade zuhause. Ich lief aus dem Haus, dort stand ein großer Pflaumenbaum. Ich hielt mich lange daran fest.« Da Minami Soma sich in einiger Entfernung vom Meer befindet, machte der Tsunami ihr persönlich keine Angst. Aber ihre Tante und ihr Onkel waren in ihrem Auto ertrunken. Glücklicherweise, sagte sie, habe die Familie ihre Leichen bergen können. Unglücklicherweise sei der Friedhof fortgespült worden.

»Innerhalb eines Radius von 30 Kilometern durften wir bleiben. Die Empfehlung lautete, drinnen zu bleiben. Der Bürgermeister wies uns an, die Evakuierung ›eigenverantwortlich‹ durchzuführen, also wohnen manche noch immer dort.«

»Was ist Ihre Meinung zum Reaktorunfall?«

»Alle haben immer gesagt, Atomkraft sei sicher …«

»Hier eine Frage, die mich ratlos macht, Frau Hotsuki. Als Bürger des Landes, das Atombomben auf Japan abgeworfen hat, frage ich mich, wie dies in Ihrem Land zweimal geschehen konnte. Beim ersten Mal waren Sie unsere Opfer, und dann, so scheint es, haben Sie sich dasselbe ein zweites Mal selbst zugefügt.«

»Von der Atombombe wissen wir nicht viel«, erklärte sie. »Das ist ziemlich weit von hier, Hiroshima und Nagasaki, und wir haben nur von unseren Eltern gehört, da sei irgendein Flugzeug gekommen und so weiter. Sie haben nicht darüber geredet.«

»Warum nicht?«

»Wenn man nicht hinfährt und es selbst sieht, dann interessiert man sich vielleicht nicht dafür.« Frau Hotsuki versuchte, meine Erwartungen zu erfüllen, und kramte in ihren Erinnerungen. Dann wurde sie plötzlich ganz lebhaft, sie gestikulierte, verzog das Gesicht, als wäre sie den Tränen nahe, und sagte nickend: »Einmal habe ich in der Präfektur Chiba eine Ausstellung über die Kamikazepiloten gesehen. Ich war so gerührt, dass ich nicht mehr aufhören konnte zu weinen.«

Vom Schicksal der Kamikazepiloten weniger gerührt, als es vielleicht angebracht gewesen wäre, grub ich das Thema Hiroshima und Nagasaki wieder aus. Es zeigte sich, dass die beiden Damen Hotsuki die Atombombe für schlimmer hielten als den Reaktorunfall, weil »wir ja immerhin umgesiedelt sind«. Minako, die junge Schwiegertochter, erklärte, vom Amt der Präfektur habe es geheißen, »man könne es einfach abbürsten, dann sei es schon gut, und man müsse nicht einmal durch die Strahlungsuntersuchung. Da ging es uns besser.«

Unwissenheit ist Stärke, wie Orwell sagen würde. Oder hatte das Amt Recht? Teilchen mit Alpha-Strahlung waren nahezu harmlos, wenn es einem gelang, sie nicht einzuatmen; Beta-Strahlung konnte, waren die strahlenden Teilchen einmal abgewaschen oder abgebürstet, keinen Schaden mehr anrichten. Während ich mich bemühte, darzulegen, warum diese Vorgehensweise unzulänglich sein könnte, trat unter Verbeugungen ein hübsches Mädchen mit einem roten Armband ein, mit der Ansage, dass die Kinderbetreuer wieder da seien und diesmal Süßigkeiten mitgebracht hätten; außerdem wollte sie wissen, ob jemand krank geworden sei. Es war also vielleicht alles in bester Ordnung; so höflich ich mich auch bemühte, keine meiner beiden Gesprächspartnerinnen wollte einen Zehntausend-Yen-Schein annehmen, nicht einmal um der Kinder willen; mochte man da nicht gerne glauben, dass es ihnen an nichts mangelte?

Als ich mein Interview in der Tasche hatte, wagte ich es, mich dem Amtsapparat zu stellen, und so traf ich einen bebrillten, pickligen und schmalgesichtigen jungen Mann, Herrn Maeda, der sich mir gegenüber als »ein einfacher Angestellter dieser Einrichtung« auswies. »Bevor dies in Ihrem Artikel erscheint, müssen Sie auf dem Bürgermeisteramt anrufen. Das hat man mir gesagt.« (Ich habe seine Instruktionen unentschuldbarerweise nicht befolgt, doch, Leser, solltest Du dies tun wollen, die Telefonnummer lautet 022-214-1148.) Er fertigte höchst eifrig eine Fotokopie meiner Akkreditierung als Journalist an; zum Glück hatte meine Dolmetscherin mich immer daran erinnert, sie säuberlich zu falten und in Ehren zu halten. »Was glauben Sie«, fragte ich, »wie gefährlich ist die Strahlung?« Herr Maeda antwortete: »Hier ist niemand besonders beunruhigt.«

EIN ALTER MANN BEI DER AUSSAAT

In Ishinomaki, so hieß es, sehe es jetzt so aus wie vor zwei Wochen in Sendai. In Sendai hatten manche zwei Tage lang auf ihren Dächern ausgeharrt, bevor das Wasser zurückgegangen war. In Ishinomaki gab es Menschen, die eine Woche lang auf dem Dach in der Falle gesessen hatten.

Andererseits war Ishinomaki noch besser weggekommen als Rikuzentakada. Aber egal; gibt es nicht immer einen Ort, an dem alles noch schlimmer ist?

Die Fünfzig-Kilometer-Fahrt im Wagen der Professorin der Veterinärwissenschaft hätte normalerweise eine Stunde in Anspruch genommen. Seit dem Beben gab es Staus. Es dauerte beinahe zwei Stunden bis nach Ishinomaki; und ich saß meine ganze Reise über beinahe täglich wieder für 400 oder 600 Dollar im dahinkriechenden Taxi oder in einem Bus, der einen halben Tag lang stecken blieb (die Eisenbahnlinien der Gegend waren zerstört), auf dieser Straße oder jener Autobahn, von Autos verstopft oder auch nicht, ein paar Kilometer vor oder hinter Fukushima, und die Scheibenwischer tanzten in einem Regen, von dem man nicht wissen konnte, wie gesund er war, leise erklangen die Nachrichten aus dem Radio, und wenn das Taxi so zwischen anderen Autos einherkroch oder zum Stehen kam, verlor der Fahrer gelegentlich seine japanische Geduld.

In Ishinomaki war das erste Geschoss des Supermarkts geöffnet und glänzte wie neu. Die meisten Waren waren im Überfluss der Vorbebenzeit vorhanden. Es gab nur einen Joghurt pro Kunde, einige Regale waren leer, auf anderen fanden sich Milchprodukte aus Kyushu und Hokkaido, die hier normalerweise nicht verkauft wurden. Die brandneuen Waschmaschinen waren ausverkauft, weil der Tsunami so viele zerstört hatte; aus ähnlichem Grund boomte der Autohandel.

Die Professorin hieß Morimoto Motoko. Sie wohnte in Sendai. Nach dem Tsunami waren ihre beiden Kinder im Teenager-Alter über Nacht in der Obhut ihrer Lehrer geblieben; jetzt wohnten sie bei Verwandten in Osaka. Sie hatte sich auf den Weg gemacht, um einem ihrer Studenten Vorräte zu bringen, einem jungen Mann namens Utsumi Takehiro, der sich nun vor uns verbeugte; genau wie seine Mutter, Yoshie. Sie stiegen in ihr Auto, und wir fuhren ihnen bis nach Hause nach, da man sich in Ishinomaki nicht mehr so leicht zurechtfand wie früher. »Hinter der Straße Nr. 45«, sagte Takehiro trocken, »ändert sich das Bild.«

Wir kamen am Gemüsemarkt vorbei, der jetzt als provisorische Leichenhalle diente, und hinter der nächsten Ecke sah ich zahlreiche tiefe Furchen in der weichen braunen Erde, mit einer Schlange von Autos und Menschen, die auf der anderen Seite senkrecht darauf zu lief, und im hintersten dieser offenen Gräben lagen weiße Särge. Takehiros Großmutter lag hier begraben. Der Tsunami hatte sie erwischt. Aus der Art, wie er über sie sprach, schloss ich, dass er sie sehr gemocht haben musste.

»Ich habe sie nicht tot gesehen«, sagte er. »Meine Eltern haben jeden Tag hundert Tote gesehen. Sie haben dann auch sie gefunden. Jetzt wird es ein Jahr dauern oder zwei, bis die Toten eingeäschert werden. Zuerst werden sie provisorisch begraben. Dann werden sie wieder exhumiert. Es gibt nur ein paar Krematorien, also muss man warten, bis man an der Reihe ist.«[21]

»Mein Beileid«, sagte ich.

»Auch unser Hund ist umgekommen, weil er angekettet war. Wir haben ihn nach Niigata gebracht, wo mein Vater gearbeitet hat, und ihn dort einäschern lassen. Aber zum Transport einer menschlichen Leiche braucht man ein Spezialfahrzeug, und die sind knapp.«

Nun kamen Schlammhaufen, umgekippte Anhänger, einge-
drückte Wände, zerknautschte Autos, das aberwitzige Gerüst einer Hütte, das kaum das unversehrte Dach tragen konnte, viele
Hilfskräfte und Bagger mit blauen Schaufeln, halb zerschmet-
terte Häuser auf einer hässlichen schlammigen, von Gräben zer-
furchten Ebene, mannshohe Schutthaufen am Straßenrand; und
so gelangten wir in den Bezirk Tsukiyama (die Wolken wie weiße Schieferplatten, die Sonne in den Wipfeln der Rotkiefern und
Staub in meiner Kehle). Mehrere große Öltanks waren explodiert
und hatten zahlreiche Feuer verursacht. Wir rollten an den Ruinen der Papierfabrik vorbei, deren runde Warenballen triefnass
und tropfend dalagen. Papier war inzwischen Mangelware, merkte Frau Utsumi an.

»Mein Onkel ist mit dem Hubschrauber gerettet worden und
war im Fernsehen«, sagte Takehiro stolz.

Am Horizont lag ein amerikanisches Kriegsschiff auf dem
graublauen Meer. Da kam eine lange sanfte Brandungswelle mit
ach so sauberer Gischt herein. Eine ihrer Vorgängerinnen, der
Tsunami, hatte auf den Überresten des Deichs einen riesigen
Treibstofftank abgesetzt. Weiter ging unsere Fahrt durch die ma-
lerische Landschaft, zwischen noch mehr Schlammhaufen hindurch, daneben Treibstofftanks, auf Dächer geworfen oder durch
sie hindurchgekracht, an Bäumen lehnende Autos, Straße für Straße Hässlichkeit; und nun bogen wir in einen Weg mit neu angeleg-
ten Schrottplätzen ein, und Takehiro sagte: »Das ist mein Haus.«

Sein Nachbar von nebenan, Kawanami Shugoro, machte uns
schwarzen Kaffee, auf einem Butangaskocher auf dem staubbe-
deckten wackeligen Tisch in seinem ruinierten Haus, das nur von
außen unversehrt aussah. Er trug eine Mütze, offenbar um sich zu
wärmen. Dicke Brocken der Decke hingen von den Dachbalken;
der Rigips war zerrissen wie Pappe. Im Wohnzimmerschrank
stand alles an seinem Platz, aber der Schrank selbst neigte sich etwa dreißig Grad.

Herr Kawanami sagte: »Ich war zuhause, als das Beben kam.

Bei mir im Büro sollte es eine Sitzung geben, also wollte ich mir gerade einen Anzug anziehen. Die Schäden waren nicht groß, also zog ich mir wieder meine Arbeitskleidung an und fuhr die Büroangestellte zu ihrer Wohnung beim Supermarkt. Dann machte ich mich zum Büro auf. Es gab einen Verkehrsstau, und es hieß, dass ein Tsunami kommt, also kehrte ich um und wollte wieder nach Hause. Ich sah Wasser aus dem Kanal an der Oberschule kommen und schwimmende Autos; also ging es in dieser Richtung nicht weiter. Ich kehrte wieder um und versuchte, weiter nach oben zu gelangen. Am Flussufer sagten mir die Feuerwehrleute, ich solle nicht in diese Richtung fahren, dabei sah es nicht schlimm aus. Aber das Wasser schien doch etwas höher zu stehen, und dann sah ich es über den Deich kommen. Also bin ich geflohen. Ich musste vier Nächte lang auf nacktem Boden schlafen. Ich ging nach Yamato, weil ich sicher sein wollte, dass es meinen Enkelkindern gutging. Dann wurde das Gas knapp, und es war sehr kalt. Ich fand einen Müllbeutel, um mich warm zu halten – es war wirklich kalt! Es schneite. Ich versuchte, einen warmen Flecken zu finden; ich nahm mir immer mehr Müllbeutel als Hemd ...«

»Welche Farbe hatte der Tsunami?«

Er lachte. »Das weiß ich nicht mehr. Er soll schwarz gewesen sein, voller Öl.«

Er war ein fröhlicher, runzliger alter Herr von sechsundsechzig Jahren mit einem weißen Bart und einem Arbeitergesicht. Er war der Sicherheits- und Hygienebeauftragte der Werft. Die Nachbarn standen im Kreis um uns herum. Auf dem verdreckten Tisch stand Saft in Dosen. Seine Frau hatte ein paar völlig aufgelöste chinesische Mädchen in den zweiten Stock eines Parkhauses gebracht, und sie hatten alle überlebt. »Alle sind auf die Dächer«, sagte er. Die zweite oder dritte Tsunamiwelle war seiner Meinung nach die schlimme gewesen, die Menschen trieben in ihren Autos im Wasser und riefen um Hilfe, bis sie untergingen. Herr Kawanami sagte: »Gestern hatte ich diese Bilder im Kopf, und ich wurde depressiv und verwirrt ...«

Ein Paar aus seiner Bekanntschaft war geflüchtet. Die Frau war nach Hause zurückgekehrt, der Wertsachen wegen, weil sie eine gute Schwimmerin war. Zum Glück hatte ihre Leiche geborgen werden können; eine der beiden Tüten mit Kostbarkeiten hielt sie noch immer umklammert.

»Wenn Sie an alles zurückdenken, was Sie durchlitten haben«, fragte ich ihn, »glauben Sie, dass der Reaktorunfall das alles noch übertreffen wird?«

»Was soll ich sagen? Das liegt jenseits meiner Vorstellungskraft. In dieser Gegend wohnen Senioren. Ein Haus wieder aufzubauen, das kostet, und viele Menschen haben Angst. Meine Frau sagt, wenn alle fortgehen, werden wir als Einzige bleiben. Wir glauben, wir können bleiben, bis wir sterben, weil wir alt sind, denn *das hier*« – er muss den Tsunami gemeint haben – »kommt nur alle tausend Jahre vor. Ich wollte in diesem Jahr in den Ruhestand gehen und mir ein schönes, ruhiges Leben machen. Aber das Geld für meine Zukunft wird für Reparaturen draufgehen. Außerdem reden die Leute im Kernkraftwerk von einer Atomexplosion. Unser Gouverneur ist so stolz auf unser Kernkraftwerk, verglichen mit Fukushima.«

In dem ganzen Schmutz standen die schlammigen Teller noch immer säuberlich aufgestapelt. Das Trinkwasser war noch zu knapp, um damit abzuwaschen.

Auf meine Bitte hin führte Herr Kawanami mich ins Obergeschoss, um den Sand und Schlick zu bewundern. Er sagte: »Als die Welle kam, zappelten alle Tatamimatten *so*!«, und seine Arme wanden sich.

Ich dankte ihm, verabschiedete mich mit meinem artigsten Diener und wurde als Nächstes Frau Ito Yukiko vorgestellt, sechsundsechzig Jahre alt, die mich mit zusammengekniffenen Augen empfing. Die Schultern hochgezogen und die Fäuste im Schoß, so saß sie am Rand ihrer angeschlagenen, aufgerissenen Betonveranda, in orangefarbenen Regenhosen, einem schmuddeligen Pullover und einer über die Augenbrauen gezogenen weiß gestreiften Wollmütze. Die Zehen ihrer Pantoffeln berührten den matschigen, schuttbedeckten Boden, der zufällig mit Tellerscherben geschmückt war. Genau wie im Rest des Viertels war der Dieselgestank auch hier Übelkeit erregend. Ihre beiden kleinen Enkelinnen spielten mit Gummiüberschuhen den Eingang fegen und setzten sich dann zum Lesen hin, Comics vielleicht. Sie waren sehr schüchtern; ich ließ sie in Ruhe. Da niemand etwas sagte, fragte ich nicht, wo ihre Eltern waren.

»Ich bin in Strandnähe geboren worden«, sagte Frau Ito. »Ich habe in dieser Präfektur den chilenischen Tsunami erlebt und noch einen weiteren. Also wusste ich genau, wenn es ein Erdbeben gibt, muss man auf einen Tsunami vorbereitet sein. Aber *dieser*«, sagte sie und verzog das Gesicht (und unterbrach sich, um einen Löffel aufzuheben, den eines der kleinen Mädchen hatte fallen lassen), »*dieser* war anders.«

Weil sie genau wusste, dass man hinter vom Beben verzogenen Türen in der Falle sitzen konnte, hatte sie die Haustür schon vorher geöffnet, dann saß sie die Erschütterungen drinnen aus, vor Furcht, die Dachschindeln könnten ihr den Schädel einschlagen. Sie schloss den Safe auf, entnahm ihm »die Andenken an die Ahnen«, ihre buddhistischen Gedenktafeln offenbar, und dann, weil sie dachte, sie hätte noch Zeit, suchte sie nach einem baumwollnen Furoshiki-Tuch, um sie darin einzuschlagen. Eine ihrer Enkelinnen fragte sie dann, ob sie nicht ihr Handy mitnehmen wolle. Und so flüchteten sie im Auto. Sie schickte die beiden Kinder voran und kehrte noch einmal zum Wagen zurück, um den Hund und ihre Geldbörse zu holen. Ihre Hände verkrampften sich immer fester in ihrem Schoß, und als sie sagte: »Ich ging über einen schmalen Pfad, und dann sah ich mitten auf der Straße den Tsunami«, war der Schrecken in ihrem runden, geröteten Gesicht fast unerträglich.

»Die erste Welle riss alles fort, was ich mitgenommen hatte, dann lief ich in die Richtung, wo die Welle nicht so hoch war. Ich weiß, dass ein Mensch dem Tsunami nicht entkommen kann, wenn er einmal drin ist, also streifte ich die Schuhe ab und kletterte eine Mauer hinauf, und zuerst war es wackelig, aber dann fand ich festen Halt und klammerte mich mit den Zehen fest. Das Wasser stand mir bis an die Hüfte und dann bis an die Brust; ich hielt mich am Dach fest, um nicht mitgerissen zu werden; *Hilfe! Hilfe! Hilfe!*, rief ich den Geist meines verstorbenen Mannes an … Dann kam das Wasser.«

Die Enkelkinder lasen weiter, in ihren Gummiüberschuhen, im fischigen, dieselhaltigen Wind (und da er durchaus auch aus Richtung des Reaktors wehen konnte, prüfte ich mein Dosimeter, das um sechs Uhr früh 1,9 kumulierte Millirem angezeigt hatte und jetzt, nach drei Stunden in Ishinomaki, auf 2,0 gesprungen war, was bedeutete, dass die Radioaktivität hier mindestens doppelt so hoch war wie in Tokio – nicht schlecht; die hypothetischen, vom Winde verwehten Teilchen mit Beta-Strahlung einmal ganz außer Acht gelassen); und eine Krähe krächzte; ein Haufen Reifen lag herum; aus einer leeren Fensteröffnung hingen durchweichte Futons zum Trocknen.

»Ich war auf dem Dach, also bin ich schließlich vor Einbruch der Dunkelheit gerettet worden. Ich habe meine Enkelinnen zwei Tage lang nicht gesehen, aber ihre Lehrerin hat mir gesagt, dass es ihnen gutgeht …«

Hinter einem angelehnten Gitterrost sammelte ihr alter Nachbar klappernde Dinge aus dem Schlamm seines früheren Hofs.

»Wie wichtig ist der Atomunfall für Sie?«, fragte ich sie.

»Vielleicht brauchen wir das Kraftwerk, aber sie sollten die Tatsachen offenlegen. Sie scheinen es gestoppt zu haben, aber stimmt das auch? Sie haben gesagt, in einigen Fischereiprodukten sei die Konzentration gering, aber wenn es sich anlagert, ist das schlimm …«

Mein Blick fiel auf einen ganz verkrümmten kleinen mumifizierten Fisch im Sand zu ihren Füßen.

Auf einem schmalen Sandstreifen zwischen zwei Hausruinen brachte ein alter Mann Samen aus. Büschel aus Plastik zuckten in den vom Tsunami gekappten Bäumen. Eine verdrehte Zypresse, noch grün, lehnte an der Wand zum Innenhof eines in Höhe der Dachrinne aufgerissenen Hauses. Ich verbeugte mich zum Abschied vor Frau Ito, die langsam wieder in ihr Haus kroch.

EIN ZURZEIT IN REPARATUR BEFINDLICHES KOTO BETREFFEND

Wie viele solcher Geschichten wollen Sie hören? Ich sammelte so einige; sie ähneln sich alle auf genau die eine Weise, die sie für Journalisten so uninteressant macht, gerade wie die fratzenhaften, oft aufgedunsenen Leichen, viele mit Verletzungen an der Stirn, deren Bilder in jener improvisierten Leichenhalle in Ishinomaki an der flatternden Wand aus blauer Abdeckplane hängen; wie sie wirken, hängt ganz davon ab, in welchem Winkel der Kopf geneigt ist. Die Überlebenden, die sich die Bilder ansehen, bewahren in bester japanischer Tradition die Ruhe, lassen einander mit einem höflichen »*hai, domo!*« vor, damit auch andere einen guten Blick auf die schaurigen Gesichter werfen können, deren Augen meist geschlossen sind.

Eine Frau erläuterte einer anderen: »Ich bin auf der Suche nach meiner Schwiegermutter hier, aber das ist nicht leicht, weil die Gesichter aufgedunsen sind, und ich habe die falsche Nummer angegeben; deshalb konnte ich sie nicht auf Anhieb identifizieren …«

Am anderen Ende des langen Gevierts aus Sonnenlicht schlug ein Priester eine Glocke, und eine Fotografie blickte auf ein Beet voller Blumenspenden herab. Über dem rituellen Gefäß verbeugten sich Verwandte; Kerzen flackerten. Der Priester verbeugte sich. Mir schmerzte die Kehle vom Staub.

Weil ich mehr erfahren wollte, bat ich einen Polizisten um Auskunft, der mich an seinen Vorgesetzten verwies, der nichts ohne seinen Oberboss tun konnte, der mir meine Frage, wie viele Menschen in Ishinomaki umgekommen seien, mit der perfekten

Antwort vergolt: »Zu Zahlen im Einzelnen äußern wir uns grundsätzlich nicht.« Ich dankte ihm mit einer Verbeugung und sagte, in diesem Fall habe ich keine weiteren Fragen; er wurde rot, verbeugte sich tief und entschuldigte sich dafür, dass er mich hatte warten lassen.

Lassen wir also die Geschichten vom Verlust zumindest für den Moment mit geschlossenen Augen ruhen (die Bulldozer ziehen noch mehr lange schmale Leichengräben in den Erdboden, zwanzig Leichen pro Reihe, drei behelfsmäßige Friedhöfe in Ishinomaki und eine lange grüne Reihe von Soldaten der Selbstverteidigungsstreitkräfte in zwei Abteilungen, die auf der Suche nach Leichen Häuser aufbrechen), während wir überlegen, welchen Sinn wir in ihnen finden können – wenn denn ein Sinn in ihnen liegt. In diesem Zusammenhang möchte ich Sie nun erneut mit Takehiros Mutter bekannt machen, Frau Utsumi Yoshie.

»Was kann man, wenn überhaupt, aus diesem Ereignis lernen?«, fragte ich sie.

»Mit dem 11. März ist etwas vorbei. Ich habe das Gefühl, etwas Neues hat begonnen. Wir haben nie die Erfahrung gemacht, alles zu verlieren, nie so extrem. Lernen im positiven Sinne kann man daraus«, sie lachte, »alle Wertgegenstände im zweiten Stock aufzubewahren!«

»Werden Ihre Lebensumstände sich verschlechtern?«, fragte ich sie.

»Natürlich glaube ich daran, dass alles besser wird«, antwortete sie und saß dabei neben mir im schmutzigen Schutt in ihrem Haus, von zerschlagenem Hausrat umgeben.

»Warum?«

»Nun, das weiß ich auch nicht. Der Fortgang[22] des Alltagslebens wird ein neues Gefühl für den Wert der Dinge schaffen. Wer anders denkt, kommt nicht weiter.«

Ich sagte ihr, wie tapfer ich sie und alle anderen fand, worauf sie anmerkte, sie nehme seit einiger Zeit Stunden im Spiel des Koto, eines traditionellen Saiteninstruments, dessen Spiel mich gelegentlich in den abgelegenen Teehäusern Kyotos und Kanazawas beglückt hatte: Langsame, leise und (in meinen Ohren) traurige Noten ließen aus den Melodien alter Zeiten ein verschwommenes Gespensterantlitz auferstehen. Ich werde hoffentlich nie vergessen, wie es für mich war, als die wunderschöne alte Geisha Kofumi-san mir in jener kleinen Kammer in Gion das »Schwarzhaarlied« vortanzte, auf das Kawatata und Tanizaki in ihren größten Romanen anspielen.[23] Ich freute mich, dass auch Frau Utsumi diese Weise, deren bloße Erwähnung sie leise lächeln ließ, kannte und sogar beherrschte. Einen flüchtigen Augenblick lang lebten wir beide wieder im Japan des 10. März 2011 – jenes Tages, bevor Ishinomaki in die Nachrichten kam.

Ich fragte sie, ob sie Zeit habe, ihr Koto für mich zu spielen, aber das Instrument war von der schmutzigen Welle überflutet worden. Es befand sich gerade in Reparatur. Sehr leise sagte sie: »Für mich ist ein Koto etwas Lebendiges, also war ich sehr traurig. Wir haben unseren Hund verloren, aber als ich das Koto gesehen habe, ganz voller Schlamm, war ich so traurig …«

Ich fragte ihre Söhne, welchen Besitztümern sie am meisten nachtrauerten. »Allen!«, lachten sie fröhlich. Da es nicht mehr genügend Stühle gab, standen sie im bitteren Staubgestank dieser dunklen und frostigen Ruine um uns herum.

Und was hielten sie alle von dem Reaktorunfall?

»Ich glaube, man kann nichts daran ändern, dass er passiert ist«, sagte die Mutter. »Tepco soll hart arbeiten, und das Gemüse soll wieder wachsen. Ich würde das Gemüse aus Fukushima ja gerne kaufen, aber …«

»Glauben Sie, dass hier Kontaminierung droht?«

»Ja«, sagte sie.

»Was werden Sie tun?«

»Wir können nirgendwo hin.«

»Haben Sie Alpträume gehabt?«, fragte ich sie.

»Was mich angeht, ich habe den Tsunami nicht mit eigenen Augen gesehen. Ich konnte zwei Tage lang nicht nach Hause, diese Erfahrung habe ich also nicht gemacht, aber das Feuer, nun, das konnten wir von unserem Hügel aus so deutlich sehen,[24] dass ich beinahe Angst hatte, es könnte bis zu uns vordringen; um drei Uhr morgens gab es eine Durchsage, es könnte bis zu uns vordringen, also flohen wir.«

»Aber keine Alpträume?«

»Nein. Das Feuer brannte zwei Tage lang …«

»Ich kann in unserem Haus nicht wohnen«, sagte Frau Utsumi später. »Es ist zu unheimlich. Ich kann dort nicht wieder wohnen, selbst wenn das bedeutet, dass wir ein neues Haus …«

Weil ich nicht wusste, was ich sonst sagen sollte, wiederholte ich, dass ich sie tapfer finde, und sie sagte: »Ich glaube, wenn wir anständig leben, kann meine Schwiegermutter in Frieden ruhen. Sie hätte für ihre provisorische Beerdigung keinen teuren Sarg gewollt; sie hätte gewollt, dass ihre Enkelkinder das Geld bekommen.«

Ich nickte. Der Staub tat mir in der Brust weh.

»Ich möchte, dass meine beiden Söhne hart daran arbeiten, diese Stadt wiederaufzubauen, damit meine Schwiegermutter Frieden findet.«

Diesen stoischen und manchmal donquichotesk auftrumpfenden Impuls sah man in Ishinomaki hier und da aufkeimen; ich erinnere mich an einen Trupp Arbeiter mit Stirnbändern aus weißen Lumpen, die durchnässte Tatamimatten aus einem Lagerhaus zogen, wozu sie einen Karren mit einem Mann vorn und einem hinten einsetzen mussten, so schwer wog das Wasser; und dann rollte der Wagen abwärts an einem riesigen Müllhaufen vorbei, in einem Hof voller Pfützen standen Männer in Gummistiefeln und warteten, ich weiß nicht worauf; aber seit der Flutwelle war weniger als ein Monat vergangen, und so waren die Überreste aus vorsintflutlicher Zeit noch verwunderlicher: das von der Zeit oder Dieselruß geschwärzte Torii eines kleinen Schreins zum Beispiel, das aus der Form geraten und allein auf dem sandigen Schlamm stand, verschaffte mir ein Déjà-vu, und später erinnerte ich mich an ein Bild des großen Fotografen Yamahata Yosuke aus Naga-saki, 1945: Ishinomaki 2011 nicht unähnlich, nur dass die Trüm-mer um das Torii in Nagasaki beinahe ausschließlich aus Holz zu sein schienen. Außerdem gab es ein gewisses radartiges Bruch-stück, offenbar Teil eines Karrens, feingliedriger als all seine heu-tigen Gegenstücke, und der Hintergrund bestand ganz aus weiß geädertem grauem Rauch.[25] Bevor wir zum stehengebliebenen Riesenrad von Sendai und den Feldern voll hellem Müll zurückkehrten, sagte mir der ältere der beiden Jungen, der Yuya hieß:»Ich möchte Lebensmittel aus dieser Gegend essen, um den Bauern zu helfen.«

»Also in der Umgebung des Atomkraftwerks angebautes Ge-müse?«

Er nickte mit einem ruhigen Lächeln.

Da Frau Professor Morimoto schon nach Hause gegangen war, fuhren sie uns zum Busbahnhof. Ich sagte ihnen, es gebe keinen Grund, zu warten, bis wir in unseren Bus eingestiegen wären, aber Frau Utsumi versicherte mir, sie hätten nichts Besseres zu tun.

WENN DER WIND VON SÜDEN WEHT

In der Nacht gab es an der heißen Quelle eine Erschütterung, die sich zu einem mittleren Erdbeben auswuchs; während ich auf meiner Tatamimatte lag, gab es ein Schwanken und Wackeln. Ich wusste, dass ich nichts anderes tun konnte, als ruhig zu bleiben, da ich mich im fünften Stock befand. Zum Glück waren kaum Möbel im Zimmer (manchmal wurde mir beschrieben, wie Bücher und Fernseher buchstäblich von den Wänden flogen).

Als die graublaue Dämmerung durch die Rollos lugte, stand das Dosimeter noch immer ganz ruhig auf 2,0; der neue Taxifahrer meldete sich zum Dienst und berichtete, die Straße sei »kaputt«, es sei also am besten, früh loszufahren. Sendai war offenbar wie-der ohne Strom, und als wir Halt machten, um Frau Professor Morimoto abzuholen, die diesmal einem ihrer Studenten auf der

Insel Oshima helfen wollte, fanden wir sie erschüttert und entmutigt vor. Der Fahrstuhl war natürlich außer Betrieb, also schleppten der Fahrer und ich ihre Koffer voller Batterien und Versorgungsgüter sechs Stockwerke die Treppen hinab, dann ging es in schneller Fahrt über die rissige Straße.

Das Dosimeter zeigte inzwischen 2,1 an. Der Fahrer, ein muskulöser, etwas älterer Mann, erzählte lachend, seine Frau und er hätten eben die Erdbebenschäden in ihrer Wohnung beseitigt, und nun, nach dem neuesten Beben, liege das Geschirr schon wieder in Scherben auf dem Boden! Im Bahnhof von Sendai sei das Dach undicht, merkte er an, also sei er vielleicht geschlossen. Derweil blickte die Dolmetscherin von ihrer Zeitung auf und berichtete, die Auflagen für die Fischereibetriebe in der Präfektur Miyagi könnten zwei Monate lang in Kraft bleiben, woraus, so dachte ich mir, leicht zwanzig oder fünfzig Jahre werden konnten. Früh blühende Pflaumenbäume und vereinzelte Palmen leisteten uns auf unserer Fahrt durch die strohgelben Reisfelder Gesellschaft; eine Möwe flog über uns hinweg. Das Radio verkündete, der Zwischenfall der vergangenen Nacht habe 916 Haushalte »heruntergefahren«. Und nun ein weiterer einstündiger Stau, da die Züge nicht fuhren.

Nach einer Weile erreichten wir die nach Diesel duftende Hässlichkeit von Furukawa, und die allgemeine Schleichfahrt erlaubte uns, sie nach Herzenslust in Augenschein zu nehmen: kleine Banken, Werbetafeln, Autotransporter, gesichtslose Häuser hinter Hecken, Pachinko-Spielhallen inmitten leerer Parkplätze, Autowaschanlagen, ein Geschäft für Grabsteine auf Asphalt an einem schmutzigen, einbetonierten Kanal. Wir hielten vor einem dunklen kleinen Laden, um die beiden Frauen austreten zu lassen, aber die Toilette war außer Betrieb. Eine halbe Stunde später wiederholte sich diese Erfahrung in einem Geschäft mit teilweise leeren Regalen. Ein einsamer Kassierer bediente eine lange Schlange von Kunden, die offenbar vor allem Getränke kaufte. Seine Registrierkasse war natürlich tot. Niemand verlor die Geduld. Als wir wieder unterwegs waren, fiel uns der lange Riss im Asphalt auf, parallel zum Mittelstreifen; manchmal standen Pflasterbrocken hervor wie ramponierte Hahnenkämme. An einer Stelle hielten zwei Straßenarbeiter in gelben Monturen einen langen Messstab und führten ihn ganz fasziniert in einen Spalt in der Straße ein. Die Risse wurden immer imposanter. Vor und hinter Brücken waren sie am schlimmsten. Der Fahrer seufzte und schüttelte den Kopf; die beiden Frauen schwiegen. Dann wurde die Straße wieder besser.

Es verging einige Zeit, bis wir nach Kesennuma hinabkamen, 172 Kilometer vom Kraftwerk Nr. 1 in Fukushima; wir stießen auf immer größere Haufen von zersplittertem Bauholz, dann auf Ruinen, Berge aus Metall und Bauschutt, Autos, die auf dem Dach lagen – aber die Straßen waren ganz säuberlich geräumt worden. Der Fahrer stöhnte: »*Ooooh! Iiiih!*«

Ich wusste nicht, wie Kesennuma früher ausgesehen hatte; was ich zu sehen bekam, waren ganze Straßenzüge voller regennassen Mülls, Autowracks, ausgebrannter Autos, Müll in Pfützen, Müllberge mit schlammigen Pfützen dazwischen, übel schmeckender Regen (und soweit ich weiß, war das Gefährlichste, was ich auf der ganzen Reise tat, den triefenden Regenschirm meiner Dolmetscherin zu halten, während sie auf der Toilette war.) Manchmal hingen schmutzdunkle Fasern, Kabel und Splitter in den Türfüllungen wie Zähne im Maul eines Ungeheuers. Die ungepflasterten Straßen gemahnten gelegentlich an Dämme zwischen zugemüllten rechteckigen und bis an den Rand mit stinkender Brühe gefüllten Ruinenfeldern.[26] Viele Häuser erinnerten an Schrottplätze. Auf höherem Gelände, wo es weniger nass war, sahen ganze Stadtviertel schlicht wie verwüstete Baustellen aus. Und auf einer Ebene voller Schlamm und Pfützen stand, wie in Ishinomaki, über all dem Schrott und Schmutz wieder ein einsames zinnoberrotes Schrein-Torii.

Kesennuma, heißt es, leite sich von einem Wort aus dem Ainu ab, das »Bucht« bedeutet. Auf der anderen Seite der Hafenstraße, deren Straßenschild verbeult und zerfetzt war und deren elektrische Leitungen Frisurprobleme hatten, roch das überschwemmte Parkhaus nach Meer, und der Regen pladderte auf den Gehsteig. Ein hagerer Radfahrer in schmuddeligem Grau fuhr vorüber, der Mundschutz hing ihm um den Hals. Das milchig graugrüne Meer sah nicht schmutzig aus. Der Regen machte die Luft weniger staubig, vielleicht aber auch radioaktiver; ich vergaß nie, dass das Dosimeter den Unterschied nicht messen konnte. Nachdem wir Frau Professor Morimotos Batteriekartons zum Fähranleger geschleppt hatten, ließ ich den Blick hügelan über die Betonbrocken und durch die Stahlstreben schweifen, über Häuser, die zerdrückt worden waren wie Streichholzschachteln, über Stühle und Futons; dort stand ein Haus, dessen Obergeschoss unversehrt aussah, aber das Erdgeschoss war komplett verschwunden, von einer Mauer abgesehen. Der Schutt lenkte meinen Blick zu zwei roten Dächern und einer Kiefer empor, die jemand auf die althergebrachte japanische Art zu wolkenartigen Laubläppchen getrimmt hatte.

Die ungleichmäßig wummernde Fähre brachte Paletten mit Apfelsaft und andere Vorräte. Ein langhaariger Jugendlicher, auf dessen T-Shirt EIN FRÖHLICHES 2009 stand, gehörte zu den vielen Menschen mit Mundschutz. Ein winziges Mädchen in einer pinken Regenjacke saß auf dem Schoß ihrer Mutter, spielte mit einer Spielzeugpistole, lachte entzückt und streckte die Hand verständnislos nach all den Schiffswracks am Horizont aus. Hier und da trieb Holz im Wasser, und ein gesunkenes Schiff lag da wie von feindlichen Flugzeugen versenkt. Die Finger und Klauen der Wracks erhoben sich aus dem frostkalten Meer. Nach einer halben Stunde Fahrt durch schmutzigen Schlick und einen Flickenteppich aus Schaumstoff und Styropor, aus buntem Müll, hindurch unter einer Möwe im Tiefflug, vorüber an einem einsamen Bambuspfahl und dem orangefarbenen Bug eines Schiffes, der kopfüber aus dem Wasser ragte wie der Schnabel eines toten Tümmlers, legten wir auf der Insel Oshima an (165 Kilometer vom Reaktor; Bevölkerung: ca. 3000), wo Frau Professor Morimotos Student Murakami Takuto uns erwartete. Die Geschichte der Familie Murakami ist die letzte Tsunami-Geschichte, die ich erzählen werde. Die Familie war von altem Schrot und Korn, ihre Vorfahren hatten im Bürgerkrieg des 12. Jahrhunderts, über den so viele große literarische Werke geschrieben wurden, in der Marine auf Seiten der Heike gekämpft.

Der Anfang der *Heike Monogatari* ist nicht frei von Bezügen auf die Ereignisse, die dieser Essay beschreibt: »In jedes Mannes Haus erklingt die Glocke des Gion-Tempels und mahnt ihn, dass alles vergänglich ist. Die verwelkten Blüten der Salabäume an Buddhas Totenbett bezeugen, dass alles, was grünt, vergehen muss.«[27]

Das Erdgeschoss ihres Hauses war halb überflutet worden. Der erste Stock war in Ordnung. Sie würden fast alle Elektrogeräte neu kaufen müssen, Reiskocher, Fernseher und Heizung, die leider und untypischerweise kein Erdgas verfeuert hatte.

Im Esszimmer, das nun reparaturbedürftig war, sagte Großmutter Fumiko (Jahrgang 1933) ganz langsam, das breite hübsche Gesicht schief gelegt: »Ich war im Garten, als das Erdbeben losbrach. Als es aufhörte, ging ich hinein; der Schaden war nicht groß, nur ein paar Gläser und Kerzenhalter. Dann hörte ich den Tsunami-Alarm: jemand von der Feuerwehr über Lautsprecher. Ich kann nicht laufen wie die anderen. Dann sah ich die Welle: viel Schaum, also war sie weiß. Sie war nicht hoch. Und dahinter sah ich eine zweite große Welle kommen, also versuchte ich wegzulaufen. Ich lief auf höheres Gelände. Wenn ich die große Straße genommen hätte, wäre ich ertrunken. Ich nahm den schmaleren Weg weiter oben. Ich sah mich um; das Nachbarhaus schwamm im Wasser. Danach nahm ich mir einen Bambusstab als Gehstock. Hier in der Stadt dient eine Grundschule als Notaufnahmelager. Dort wohne ich noch immer. Ich bin nur hergekommen, um Sie willkommen zu heißen.

Am Anfang konnten wir mit niemandem reden. Nach fünf Tagen kamen die Eltern, und ich erfuhr, dass die drei Enkelkinder überlebt hatten. Es war so furchterregend, dass ich zitterte und nicht mehr aufhören konnte damit. Ich konnte nicht schlafen. Freunde haben mir Kleidung gegeben, Reisbällchen[28] und einen Futon, also geht es mir gut.«

Dann sagte sie:»Unsere Familie lebt seit 350 Jahren hier, und das Wort unserer Ahnen aus der Meiji-Zeit lautete, der große Tsunami könne nicht bis hier heraufkommen; daher sei dieses Haus sicher. Wenn ich auf das Wort meiner Ahnen vertraut hätte, wäre ich nicht mehr am Leben.«

»Sind Sie wegen des Unfalls in Fukushima besorgt?«

»Die Strahlung – wenn es regnet, dürfen wir nicht nass werden, haben sie gesagt …«

(Später sagte mir ihr Enkel:»Die Menschen auf dieser Insel verstehen überhaupt nichts von Radioaktivität.«)

Ich ließ meinen üblichen Spruch los, nach Hiroshima und Nagasaki sei es für mich besonders traurig, dass die Japaner erneut unter Radioaktivität litten, worauf die alte Dame mit gefalteten Händen antwortete:»Ich möchte nur, dass sie vorsichtig sind.«

»Alle Kiefern sind umgestürzt und verschwunden«, sagte die Großmutter und streckte die linke Hand in die Richtung aus, wo sie einmal gewesen waren, über die Baumstümpfe und den Sand und über das Meer, dorthin, wo früher der große Felsen gewesen war, den die beiden Enkel beim Schwimmen ihr »Ziel« genannt hatten.»Von hier aus konnten wir die Sonne hinter den Kiefern aufgehen sehen. Wir waren so stolz darauf. Jetzt kommt das Meer einem näher vor. Das ist ein wenig unheimlich.«

Im Garten hatte sie Getreide angebaut, Raps, Spinat, Kürbisse und weißen Rettich.[29] Sie sagte:»Ich bin so einsam, seit ich nichts mehr habe, woran ich arbeiten kann.«

Die Dolmetscherin, Frau Professor Morimotos Student Takuto und ich machten einen Spaziergang. Unten an der nutzlosen Mole am zerstörten Strand fanden wir ein tropfnasses chinesisches Kinderbuch – es gehörte seinem verstorbenen Großvater.»Aber wir haben es sowieso nie gelesen«, lachte er und ließ es für andere dort liegen. Ich stieß auf ein Feld, ganz übersät mit Jakobs-muschelschalen, auf einen Bambushain, in dem der Müll hing. Wir begegneten einem Fischer in einer orangefarbenen Jacke; er ging davon aus, dass am 11. März ein Drittel der Inselbevölke-rung umgekommen war. Er sagte:»Zuerst sind sie weggelaufen, dann sind sie wiedergekommen, um etwas Wichtiges zu holen; sie haben nicht überlebt.«»Radioaktivität?«, schrie er.»Nein, das ist in Fukushima. Da-mit haben wir nichts zu tun.«

An ihm vorbei bis ans Ende des Betonpiers zu gehen war bei-nahe schön, die Möwen kreischten von ihrer kleinen Insel herü-ber, der Seewind duftete so angenehm, dass ich es nicht über mich brachte, einen Mundschutz zu tragen, mein Dosimeter stand noch immer auf 2,1. Die untergehende Sonne warf eine weiße Schleppe auf das Wasser, und hinter einer Wolke ratterte ein Hubschrau-ber, einer der Selbstverteidigungsstreitkräfte vermutlich. Als der Tag Schiffbruch erlitt, verschwanden die traurigen Zeichen des Tsunamis in den Schatten, bis Oshima fast unversehrt wirkte.

Takuto sagte:»Ich möchte für diese Insel tun, was ich kann. Ich möchte erwachsen werden und ein Mensch sein und helfen.«

Obwohl unsere Kleider inzwischen recht schmutzig waren (wir rechneten damit, sie nach dem Besuch im Krisengebiet weg-werfen zu müssen), erlaubte uns diese nette und gastfreundliche Familie nicht, unsere Schlafsäcke zu benutzen. Vater und Sohn legten den beiden Frauen Futons aus und stellten mir im Neben-zimmer ein Bett auf. Das bedeutete, dass alle anderen unten in den frostkalten Zimmern mit ihrem Schlickgestank schlafen mussten. Langsam und weiß flackerte die Taschenlampe unseres Gastge-bers um seinen Bauch, das Handy von Frau Professor Morimo-to leuchtete, während irgendein dummes Display ihren Studen-ten und sie zum Kichern brachte, die Dolmetscherin schaltete ihre Stirnlampe ein, die ihr Gesicht beleuchtete, und ich machte mir mit Hilfe meiner amerikanischen Taschenlampe, deren Licht gelblicher war als das aller anderen, Notizen.

Die Murakamis nahmen zwar ein halbes Dutzend Dosen mit amerikanischem Essen an, bestanden aber darauf, uns ein Abendessen zu kochen. Dankbar und beschämt kamen wir nach unten an den Tisch, wo Herrn Murakamis stoppeliges Gesicht mit seinem Schnurrbart im Licht der Petroleumlampe leuchtete. Er war stellvertretender Direktor einer Grundschule. Nach dem Erdbeben hatte er einigen Schülern erlaubt, nach Hause zu ihren Eltern zu fahren. Ich spürte, dass er Schuldgefühle hatte, weil Schlimmes hätte geschehen können; aber so wie die Dinge standen, hatten sie die Flutwelle überlebt. Er drängte mir ein Satellitenfoto des Katastrophengebiets von Oshima auf. Die Brille hoch in die Stirn geschoben, zeigte er mir auf der Karte das Haus der Familie. Er sagte:»Viel zu optimistisch.«

Die Mutter, Frau Murakami Kaoru, war in ihrer karierten Schürze fast immer auf den Beinen, ihre blassen Arme und Wangenknochen glänzten, die andere Großmutter nickte mit ihrem schweren Kopf langsam den beiden anwesenden ihrer drei Enkelkinder zu, während im Dunkeln Bananen und Aluminiumfolie zart leuchteten. Frau Murakami verbeugte sich ausnahmslos, wenn sie der Großmutter Essen anbot, mit einem höflichen »hai, dozo«. Ich weiß wirklich nicht, wie es ihr gelang, ohne Kühlschrank so schnell diesen improvisierten Eintopf zuzubereiten, dessen Zutaten zum Großteil verderblich waren. Herr Murakami sagte:»In den ersten fünf Tagen gab es nur ein Reisbällchen pro Tag, da habe ich abgenommen.«

Eine Stunde vor dem Abendessen hatte er mir schon eine Kostbarkeit versprochen: eine Flasche Sake, aus dem Obergeschoss gerettet, als das Meer sich wieder zurückgezogen hatte. Im Dunkeln war das durchweichte Etikett fast nicht zu erkennen. Wieder und wieder füllte er mir mein Wasserglas bis zum Rand und schenkte auch den anderen Gästen ein. Weil es mir peinlich war, so viel von ihm anzunehmen, plädierte ich schließlich auf einen Schwips, worauf er fröhlich fortfuhr, sich selbst nachzuschenken, nicht zuletzt, wie er anmerkte, weil Samstagabend sei. Immer wieder sagte er zu seiner Frau auf Englisch: »*I love you.*« Sie lächelte beglückt. Gern berichte ich, dass er es am nüchternen folgenden Morgen im Nieselregen wieder sagte.

Mitten beim Abendessen gab es plötzlich wieder Strom, alle riefen fröhlich »*Surprise!*«, und die Enkel grinsten im hellen Licht. Ich versicherte unseren beiden Gastgeberinnen, dass sie bei elektrischem Licht noch schöner seien, und die Großmutter legte sich die Hand über den lachenden Mund.

Wann immer ich Hiroshima erwähnte, wurde die ganze Familie still und traurig, also schnitt ich das Thema wirklich ungern an, aber ich hielt es für meine Pflicht, es noch einmal beim Patriarchen zur Sprache zu bringen; das war, als wir noch im Dunkeln aßen. Das Weiß seiner Augen schien zu flackern. »Weil der Wohlstand der Menschen von Fukushima auf der Fischerei beruht«, sagte er, »fürchte ich ihren Niedergang.« Es kam mir so japanisch vor, sich zuerst um die anderen zu sorgen! Er fuhr fort: »Atomenergie ist sehr gefährlich. Ich finde sie sehr gefährlich. Für mich ist sie wie Krieg.«

An jenem Nachmittag hatte ich Takuto gefragt, wie er sich seinen schlimmsten Alptraum vorstelle, und er hatte erwidert, nicht ganz eine Woche zuvor habe die japanische Regierung eingestanden, es handle sich um einen Reaktorunfall der Stufe 7, wie Tschernobyl: »Wie Tschernobyl. Vielleicht wird Oshima kontaminiert. Im Sommer kommt der Wind von Süden.«

III. IN DIE VERBOTENE ZONE

ICH WERDE MEINE SELBSTSÜCHTIGE Erleichterung beim
Verlassen der Hässlichkeiten Kesennumas und Oshimas nicht
verleugnen, ganz abgesehen von meiner Vorfreude auf eine siche-
re Rückkehr in die Heimat, wo solche Dinge nie passieren. (In
den USA ist das Flutrisiko nur in New Orleans noch höher als
in meiner Heimatstadt Sacramento.) Meinem Dosimeter zufolge
war die Strahlung in Kesennuma und Oshima offenbar doppelt so
hoch wie in Tokio: ein Millirem alle zwölf Stunden. Nun war die
Zeit gekommen, nach Koriyama zurückzukehren und von dort
aus ein, zwei Vorstöße in die Evakuierungszone zu wagen.

Um halb sechs Uhr morgens zeigte das Messgerät 2,2 an; seit
dem Abend war die Anzeige einmal geklettert. Auf dem Tohoku
Expressway um halb zehn, nach zwei Stunden Nieselregen, nördlich der Ausfahrt Ohira, waren es 2,3. Kurz vor ein Uhr nachmit-
tags, als wir eben Koriyama erreichten, zeigte es 2,4 an. Um acht
Uhr abends, zweifellos dank eines kleinen Ausflugs, den ich kurz
nacherzählen werde, stand es auf 2,5, und vor sechs Uhr am folgenden Morgen hatte es glorreiche 2,6 Millirem zusammen: das
Vierfache des Durchschnitts von Tokio, kurz gesagt. Der Zeitung
zufolge lag das tatsächliche Niveau eher beim Vierundvierzigfa-
chen von Tokio,[30] aber als Optimist werde ich weiter dem Spielzeug vertrauen, das Bob mir verkauft hat. Dies ist der richtige
Ort für die Mitteilung, dass meine Dosimeter-Anzeige für Koriyama, der höchste Messwert eines 24-Stunden-Intervalls, abgesehen von den Tagen meiner zwei Interkontinentalflüge, gar nicht
so schlecht ist: Sie summiert sich auf 146 Millirem pro Jahr. Ein
amerikanischer Dosimetrist vertrat die Ansicht, bis zur Hälfte davon könne »natürliche« Hintergrundstrahlung sein, die mit der
Katastrophe nichts zu tun habe.[31] Um meine Gefahrenschwelle
von 5 Rem zu erreichen, würde ich über vierunddreißig Jahre in
Koriyama abhängen müssen. Trotzdem, als junger Mensch würde

ich in Koriyama vielleicht lieber nicht heiraten und Kinder groß-
ziehen.[32]

DER WIND VOM MEER

Was den kleinen Ausflug jenes Tages angeht, will ich Ihnen be-
richten, dass die Dolmetscherin und ich uns kurz nach fünf Uhr
abends, als der heftige und potenziell gefährliche Regen nachge-
lassen hatte, ein Taxi zum Komatsu-Schrein nahmen, von dem
niemand von uns je etwas gehört hatte, auch der Fahrer nicht; die
Dolmetscherin und ich hatten ihn uns nach einem Blick auf die
Karte ausgesucht. Der Fahrer war ein kahlköpfiger alter Mann,
der auf seine finanziellen Ansprüche pochte. Sein Starrsinn hatte nichts mit der Gefahr zu tun; die Frage war, ob man ihn pro
Stunde, nach der Uhr oder pauschal zu bezahlen habe. Schließlich
einigten wir uns auf eine Kombination aus allen drei. Dann sagte
der Fahrer, diese Fahrt sei möglicherweise gar nicht erlaubt, denn
es sah so aus, als befinde der Komatsu-Schrein sich vielleicht – so
ein Zufall! – innerhalb des zwangsgeräumten Kreises. Er funkte
seinen Chef an, der uns seinen Segen gab, und los ging es. Dass
ich das Dosimeter im Auge behielt, muss ich nicht extra sagen; ich
rechnete damit, dass die Strahlung sich gemäß Quadratabstandsgesetz entsprechend erhöhte, aber egal, diesem Aspekt der Geschichte habe ich die Spannung schon genommen.

Der Fahrer hatte an jenem Tag erst zwei Fuhren gehabt, beide
Male Gutachter von Versicherungsunternehmen, die Erdbebenschäden prüften. Nun sei die Straße frei, fuhr er fort, also werde
alles glattgehen. Er plauderte gern und war mir schon lieb geworden. Das Dosimeter hielt sich bei 2,4, und der Abend war wol-
kenlos, die kahlen Bäume wirkten beinahe schon frühlingshaft.
In der Abenddämmerung tauchten noch mehr silbrigweiße Pflau-
menblüten auf. Der Fahrer sagte, er sei immer nach Kesennuma
feiern gegangen; er war Angler; die Fische bissen dort so gut an.
Ich hatte nicht das Herz, ihm zu erzählen, was der Fischer in der

orangefarbenen Windjacke mir auf Oshima gesagt hatte – dass es mit der Fischerei dort auf Jahre hinaus vorbei sei.[33]
Er sagte, in Koriyama sei es jetzt nachts sehr ruhig.

Wir fuhren die immer weniger befahrene Straße hinauf in immer grünere Hügel und entdeckten hier und da eine lange gerade Reihe Kohl oder jadefarbene, ins Kraut geschossene Zwiebeln. Wir trugen alle einen Mundschutz gegen den Staub. Im Taxi war es heiß; mir wurde unter meinem Mundschutz ein wenig übel, aber ich hielt es für besser, das Fenster nicht herunterzukurbeln. Ob der Fahrer der Kontaminierung wegen besorgt sei? (Wieder war *Kontaminierung* das Wort, das alle verwendeten; oh, es klang so viel schöner als *Radioaktivität!*) Überhaupt nicht, gluckste er. »Meine Frau«, lachte er, »die hat mir gesagt, ich soll nicht rausgehen, weil es regnet, aber mich kümmert das überhaupt nicht! Die Regierung sagt immer: keine *unmittelbaren* Auswirkungen auf Ihre Gesundheit! Ha ha ha! Jeden Tag sagen sie das Strahlungsniveau in der Präfektur an. Verglichen mit einer Röntgenaufnahme, die 600 Sievert hat, klingen die Werte wirklich nicht beunruhigend!«

»Sievert oder Millisievert?«, fragte ich nach.

»Ich glaube, es waren 600«, sagte er unbestimmt,[34] »aber egal wie stark die Kontaminierung ist, man kann es nicht vergleichen. Wir haben nie über diese Dinge nachgedacht.«

Der Kahlkopf des Fahrers war so blassgelb wie die Bambusblätter im Sonnenuntergang, und er wirkte recht fröhlich; die Landstraße führte uns unter blaulila Wolken in lauter Kurven angeblich Funehiki zu, und dann, als der Fahrer uns auf einen schönen Aussichtspunkt für die Kirschblüte hinwies (obwohl es dafür im Jahr noch zu früh war), bogen wir auf die Nationalstraße 288 ab.

Da er im Jahr 1941 geboren war, fragte ich ihn, wie er den Abwurf der beiden Atombomben mit dem Reaktorunfall vergliche, und er sagte:»Als Kind habe ich einen Film gesehen, einen Schwarzweißfilm, der sehr eindringlich die Ruinen von Hiroshima und dem Bikini-Atoll gezeigt hat. Na ja, Koriyama liegt außerhalb des Dreißig-Kilometer-Radius; es ist sogar 60 Kilometer entfernt; aber wenn es eine Wasserstoff-Explosion gibt, habe ich Angst, dass Koriyama geräumt werden muss. Ich bin schon siebzig, wenn man uns sagt, wir müssen weg, habe ich meiner Frau gesagt, wo sollen wir dann hin, nach Sado oder wo? Wenn ich sehe, wie es den Flüchtlingen geht, dann glaube ich, dafür bin ich nicht fit genug! In Koriyama gibt es drei Notaufnahmelager, vor allem für Menschen aus der Zwangsräumungszone rund um den Reaktor. Die meisten leben in einer großen Halle namens Große Palette mit Platz für tausend Menschen. Dann gibt es noch ein Baseballstadion, wo drei- oder vierhundert unterkommen können, und …«

In einer Raststätte, dann an einer Tankstelle große Leuchtkugeln. Wir rollten über den Inasokamatsi-Fluss, dann hinab in eine mit goldenem Gras gefranste Schlucht; vor uns, vor dem hellen bewölkten Himmel, baute sich ein graugrüner vulkanförmiger Berg auf. Ein alter Mann in einem rostbraunen Umhang quälte sich langsam und schwankend den Berg zu seinem Haus hinauf. Wir fuhren gerade in die Gemeinde Funehiki ein. Der Fahrer sagte:»Kennen Sie Tschernobyl? Ich habe es in den Nachrichten gesehen; da gibt es eine neunzig Jahre alte Frau, die ihr Gemüse selber zieht, allein lebt und manchmal krank wird, aber im Grunde geht es ihr gut.« Wie erbaulich, dachte ich.

Als wir von der Straße abfuhren, die zu den berühmten Kalksteinhöhlen führt, und er sagte:»Unser Ziel ist 40 Kilometer vom Kraftwerk entfernt. Wenn Sie auf dieser Straße bleiben, kommen Sie direkt dorthin«, setzte in meinem Nacken ein leichtes Kribbeln ein.»Wenn Sie bis da hinten kommen, geht es den Berg hinauf und dann wieder hinunter.«

»Sind Sie jemals dort gewesen?«

»Einmal. Auf einer Führung. Damals hätten wir nie gedacht, dass so etwas passieren kann.«

Als wir an jenem Nachmittag gewartet hatten, dass der Regen

aufhörte, hatten die Dolmetscherin und ich unsere Potassiumjodid-Tabletten aus der Zeit des Kalten Krieges genommen, eine kleine Aufmerksamkeit meines Freundes Dave, der auf irgendeiner Waffenmesse ein Fläschchen gekauft hatte. Man solle die krümeligen gelbgrünen Tabletten nur bei Fall-out nehmen, stand auf dem Etikett. (Ich hatte tagelang ein Prickeln auf der Zunge und bekam Ausschlag; die Dolmetscherin blieb unbeeinträchtigt.) Im Nachhinein schäme ich mich dafür, dass wir nicht daran gedacht hatten, unserem Fahrer eine mitzubringen. Zum Glück hielt sich das Messgerät bei 2,4.

Wir erreichten die Stadt Tokiwa und machten am Schrein halt. Meine Brille beschlug über dem Mundschutz so stark, dass ich ihn abnahm und dankbar die frostkalte Luft einsog. Die Dolmetscherin und ich stiegen die Steinstufen hinauf. Über dem holzverkleideten Opferstock regte sich die riesige maisgelbe Troddel von der Größe und Form eines Mädchenrocks, gebändigt (falls man so sagt) von einem großen Sechseck mit dem eingravierten Namen des Menschen, der sie gestiftet hatte, kaum im Wind. Ich erklomm die letzten Holzstufen, wie die Tradition es gebietet, auf Strümpfen, lugte durch die Fenster und sah, wie üblich, vor allem Düsternis, durchbrochen von der Spiegelung jener Troddel hinter mir und einem unbestimmbaren goldenen Leuchten tief im Inneren. Den Mundschutz wieder aufzusetzen war mir zuwider, aber ich tat es und machte mich an den Abstieg zu den Wolken und Kiefern, den steilen Abhang hinunter, über die baufälligen Steinstufen, die vielleicht vom Erdbeben beschädigt worden waren. Die Kiefern dufteten.

Ich sagte dem Fahrer, das Dosimeter zeige noch immer einen sicheren Strahlungswert an, und fragte ihn, ob er willens sei, uns weiter zu fahren.

»Klar«, lachte er. »Ich bringe Sie bis dahin, wo es nicht mehr weitergeht.«

»Sie sagen es jeden Tag im Radio«, sagte er dann. »In den vergangenen Tagen war die Strahlung in diesem Gebiet sehr niedrig.«

Also fuhren wir in Richtung Futaba. Die fahlen Hausdächer verschwanden zwischen den niedrigen Eichen. »Dieses Gebiet ist nah am Kraftwerk, aber man sagt, es komme nicht nur auf die Entfernung, sondern auch auf die Geographie an«, erläuterte er. Plötzlich kamen wir an ein gelbes Schild, nicht imposanter als das eines beliebigen Straßencafés, dessen rote Lettern warnten: GEFAHR: ZUGANGSBESCHRÄNKUNG IN 10 KILOMETERN. Wir befanden uns in der freiwilligen Evakuierungszone. Von hier an war die Straße kaum noch befahren. Im nächsten Dorf brannte praktisch kein Licht, abgesehen von den gelben Fenstern dreier Verkaufsautomaten auf dem Gehsteig, denen noch niemand den Stecker gezogen hatte. Vom nächsten Dorf trennten uns ein weiteres Schild nach Futaba und ein Hinweis, dass wir uns noch auf der Straße 288 befanden. Nun war es beinahe stockfinster, auch wenn ich ab und zu die Schattenrisse bewaldeter Bergkämme ausmachen konnte.

Ich sagte dem Fahrer, diese Exkursion sei sehr interessant. Er kicherte: »Ich werde kooperieren, soweit es geht, ich lebe sowieso nicht mehr lange.«

Die Straße wurde wieder kurvenreich. Bald würden wir in Miyako Oji sein (20 Kilometer vom Reaktor entfernt); dahinter erhob sich ein Berg, der uns, wie ich hoffte, vor Beta- und Gamma-Strahlung schützen würde. Ich erkundigte mich, ob es eine Legende gab, die man mit Miyako Oji verband; der Fahrer verneinte. »Was in dieser Gegend beliebt ist, sind Käfer für die Kinder. Die kommen von hier.« Tatsächlich hatte die Dolmetscherin einmal einen Käfer als Haustier für ihre Söhne gekauft (auch wenn sie nicht wusste, ob er aus Miyako Oji kam); er gedieh nicht, wie ich leider sagen muss. Als wir an der Kreuzung rechts nach Inaki abbogen, war es richtig dunkel. »Die meisten sind weg«, sagte der Fahrer.

Und so kamen wir an den inneren Kreis, an dessen Grenze große Schilder mit schwarzen und roten Buchstaben auf der Straße standen; die Präfektur verkündete, die Weiterfahrt sei verboten, während die Polizei nur erklärte, sie sei eingeschränkt. Im Dunkel dahinter lauerte ein Bus mit Einsatzkräften der Polizei, leer oder auch nicht. Da es nichts zu sehen gab und die Risiken (einschließlich einer möglichen Verhaftung) unbekannt waren, konnte ich vom Fahrer und der Dolmetscherin nicht guten Gewissens verlangen, an diesem Abend noch weiter vorzustoßen, so tapfer sie auch waren. Aber wir machten einen Abstecher nach Miyako Oji, dessen Häuser unversehrt wirkten, aber dunkel waren. Ein einsamer weißer Hund kam zum Taxi getrottet und blickte hoffnungsvoll zu uns auf; als wir unseren Weg fortsetzten, sprang er wie verrückt hin und her. Der Fahrer sagte, in den Notaufnahmelagern wie der Großen Palette seien keine Haustiere erlaubt, und daher müsse man sie zurücklassen. Hätte ich versuchen sollen, den Hund in ein Tierheim in Koriyama zu bringen, falls es so etwas gab? Wer wusste schon, wie stark das Tier kontaminiert war?

»Das habe ich hier noch nie gesehen«, sagte der Fahrer. »Wie eine Geisterstadt. Ungefähr vor zwanzig Jahren ist in Koriyama ein Kabel gebrochen an Heiligabend, und es gab einen Stromausfall. Ganz dunkel war es! Und das ist seither das erste Mal.«

Als wir wieder in die andere Richtung fuhren, vom Reaktor fort, nahm ich meinen Mundschutz ab und schmeckte sofort den Staub in meiner Kehle, was mich nervös machte, denn was, wenn das Dosimeter log? Ich hatte einfach nichts anderes, nach dem ich mich richten konnte.

Der alte Fahrer sagte: »Wirklich Angst muss man hier vor dem Wind vom Meer haben. Dann kommt die Radioaktivität. Im Sommer, dann kommt sie.«

Eine Viertelstunde später, um acht Uhr, zeigte das Dosimeter 2,5 Millirem.

SIE HABEN ES FÜR DIE NATION GETAN

Am Morgen darauf, einem Sonntag, der kühl und windig begann, während das Dosimeter wie erwartet 2,6 Millirem anzeigte und im Hotelfernseher erklärt wurde, dass der Flutgraben des kontaminierten Reaktors bald überfließen würde, machten wir uns ein weiteres Mal in die Gefahrenzone auf. Wie zuvor trug ich meine Baseballmütze (ein praktischer Landeplatz für herumfliegende Teilchen mit Beta-Strahlung), meinen alten Regenmantel, den ich als Malerkittel benutzt hatte (für das auf den äußeren Anschein bedachte Japan völlig unpassend) und dessen Vorzüge in seiner Kapuze und seiner Dehnbarkeit bestanden – dieses herrliche Accessoire war dazu bestimmt, einen ärmellosen Wegwerfregenumhang zu umhüllen, dessen Armlöcher ich mit Klebeband luftdicht an die Ärmel des Regenmantels kleben wollte; darunter gehörte bei Bedarf ein Fleece-Pullover, denn in der Tsunamizone war es kalt gewesen; dann kam mein fünfzehn Jahre altes langärmliges Hemd (nur wenige Male getragen; eine Schande, es dranzugeben, aber ich hatte es sowieso schon für chemische Experimente übergezogen), und in seiner Brusttasche nahm mein Dosimeter Platz; unter diesem Hemd trug ich ein weiteres, dünneres; und im letzten Augenblick wollte ich mir meine gelben Küchenhandschuhe überstreifen und an den Manschetten mit Klebeband versiegeln; dann kamen meine alten Jeans und Unterhosen, meine schmuddeligen Socken, noch vom Tsunami-Mulch durchweicht, die alten Schuhe meines verstorbenen Vaters; Überzüge zum Wegwerfen hatte ich in der Tasche – und meine Atemmaske natürlich, die garantiert 99,97 Prozent aller festen Teilchen herausfiltern sollte, auch wenn das Etikett mich, seit ich sie in einem amerikanischen Baumarkt gekauft hatte, mahnte, Zweckentfremdung könne zu Verletzungen oder zum Tode führen.

Für die Dolmetscherin (die zu gegebener Zeit das Dosimeter erben würde) hatte ich einen zweiten Satz all dieser exotischen Ausrüstungsgegenstände dabei. Aber Regenumhang, Handschuhe, Klebeband und Überzüge für die Schuhe hatten mich auf dieser Abenteuerreise natürlich bisher noch nicht geschmückt; alle anderen Kleidungsstücke hatte ich unermüdlich tagein, tagaus getragen, da ich davon ausgehen musste, dass alles, was ich nicht in Tokio einlagerte, kontaminiert werden könnte, warum also mehr wegwerfen als nötig? Obwohl es mir gelang, jeden Tag zu duschen, von Oshima abgesehen, glaube ich nicht, dass ich einen sehr professionellen Eindruck machte; und vielleicht war es das Notizbuch, das ich dabeihatte, ein gelbes Ding mit grellroter Spiralbindung, verziert von einer Ballerina in pinkem Tutu, die ihren Knicks unter einer Wolke aus bunten Schmetterlingen macht, das den Ausschlag gab und die Polizisten hinter meinem Rücken kichern ließ. Egal; selbst in früheren Jahren, als ich schlanker und jünger war und mich für Interviews in meinen einzigen guten Anzug werfen musste, zauberte ich meiner Dolmetscherin bestenfalls einen leicht überraschten Ausdruck ins Gesicht, begleitet von der folgenden Lobrede: »Sie sehen beinahe gut aus!«

Am vergangenen Abend hatten wir unsere gelben Küchenhandschuhe, Atemschutzmasken und so fort mit auf unsere Fahrt nach Miyako Oji genommen, aber das Dosimeter bewog uns, sie nicht zu benutzen. Außerdem hätten wir beide uns geschämt, uns so demonstrativ zu schützen, ohne dem Fahrer denselben Schutz anzubieten. In Amerika hatte ich mir in den Phantasievorstellungen von diesem letzten Besuch in der Gefahrenzone eine Art Spaziergang ausgemalt, wahrscheinlich alleine; ein Taxifahrer wäre im Fahrzeug geblieben, die Fenster zum Schutz vor verstrahlten Teilchen hochgekurbelt. Nur für den Fall, dass jemand mich begleitete, hatte ich alles doppelt dabei.

Das ist natürlich keine Entschuldigung dafür, dass ich die Sicherheit einer hypothetischen dritten Person nicht eingeplant hatte; auch wenn ein Mensch, der bei Verstand war, es sehr wohl ablehnen konnte, an einen Ort zu fahren, der es ratsam erscheinen ließ, sich derart auszustaffieren; kurz, in letzter Sekunde hielten Hast und Anstand die Dolmetscherin und mich davon ab, in dieser Aufmachung aufzubrechen, auch wenn wir für den Fall der Fälle alles dabeihatten.

Und so trugen wir beide einen Mundschutz mittlerer Qualität aus einem Geschäft für Pflegebedarf in San Francisco; wir boten unserem neuen Fahrer, den ich gleich vorstellen werde, einen besseren Mundschutz an, aber er war mit unserem zufrieden. Ich trug meine Mütze, den Regenmantel (offen, solange wir im Auto saßen), das dicke Hemd, das dünne Hemd, Unterwäsche, Jeans, Socken und Schuhe. Bei unserer Rückkehr nach Koriyama würde ich die gelben Handschuhe anziehen, dann die Schuhe mit einem feuchten Tuch abwischen, bevor sie für immer in einer Plastiktüte verschwanden, und dann den allergrößten Teil der Kleidung dieses Tages ebenfalls, zusammen mit den Handschuhen, entsorgen – kontaminierte Präsente für eine kontaminierte Stadt. Die schicken Atemschutzmasken, die Rucksäcke und alles andere, das man noch gebrauchen konnte, schenkten wir an jenem Abend einem Flüchtling in der Großen Palette, bevor wir uns in der Turnhalle auf Radioaktivität untersuchen ließen.

Wie sich herausstellte, war unsere Tagesdosis nicht höher als an den beiden vergangenen Tagen in Koriyama: 0,4 Millirem in 24 Stunden.[35]

Zu meinem eigenen Lob muss ich sagen, dass dieses Ergebnis zum Teil meiner Besonnenheit zu verdanken war; ich achtete auf Windrichtung und Entfernung und warf alle paar Minuten einen Blick auf das Dosimeter; zusätzlich scheinen wir zwei sehr günstige Tage erwischt zu haben (eine Aussage, die ich widerrufen werde, sollte ich in den kommenden paar Jahren an einer für Cäsium typischen Krebsart erkranken). Die Dolmetscherin ließ mich später wissen, sie habe in der Zeitung gelesen, der höchste an irgendeinem bewohnten Ort aufgezeichnete Strahlungswert sei etwa 40 Kilometer nördlich des Reaktors gemessen worden: 16 020 Millisievert in 21 Tagen, das ergab 7 Millirem pro Tag; bei dieser Dosis hätte es nur 66 Tage gedauert, bis ich an meine Grenze von 5 Rem gekommen wäre.[36]

Zuerst gingen wir in die Große Palette. Ich wollte einen Flüchtling finden, der wusste, wie man in den inneren Kreis kam, ohne dass die Polizei sich einmischte. Unterwegs erklärte der Fahrer, Koriyama sei »das Wien des Orients«, eine Zuschreibung, auf die ich nicht im Traum gekommen wäre. Mir kribbelte und juckte die Zunge noch vom Potassiumjodid. Der Fahrer sagte: »Nun, bei uns gibt es keine direkten Schäden vom Reaktor, aber die Gerüchte gefallen mir nicht.«

Sobald wir aus dem Taxi stiegen, sahen wir die Menschen in der Großen Palette ein und aus gehen. Ich hielt eine Frau an, die jung aussah und ihr Enkelkind an die Brust drückte; das Kind und seine Mutter kamen aus Ohkuma, fünf Kilometer vom Reaktor entfernt; die Großmutter entstammte dem Dorf Kawauchi, genau auf der Grenzlinie des Zwanzig-Kilometer-Kreises. Kawauchi war heute unser Ziel.

Die Großmutter sagte: »Seit dem 12. hatten wir den Opfern geholfen«, dem Tag nach dem Erdbeben und dem Tsunami. »Am 16. mussten wir selber unsere Häuser räumen. Es kommt mir vor wie ein Traum. Das Leben ist schwer. Meine Töchter leben alle sehr nah am Reaktor, sie haben alles verloren.«

Sie mochte ihr Kawauchi jetzt noch nicht wiedersehen, und ein Mann, der heute dorthin fuhr, wollte vorher noch alles regeln, also heuerten wir den ersten Fahrer in der langen Schlange Taxis an, die dort warteten; der Fahrer sagte, wir müssten erst das Büro seiner Firma aufsuchen. Ich war dagegen, weil ich damit rechnete, dass mir wie üblich ein Höhergestellter einen Strich durch die Rechnung machte, aber alles ging glatt; sein Chef kam heraus und begutachtete uns, dann machte er mit dem Fahrer einen Preis aus. Ich sagte, die Reise könnte länger dauern als in unserer Abmachung vorgesehen und in diesem Fall würde ich mehr bezahlen. Der Fahrer, zurückhaltend, geradezu scheu, schien sich für diese Details nicht zu interessieren.

Wir waren noch immer im Zentrum von Koriyama, als das Messgerät auf 2,7 umsprang. »*Iiih!*«, kreischte die Dolmetscherin ängstlich. Ich wurde selbst ein wenig nervös und legte meinen zweitbesten Mundschutz an, den für Krankenpfleger vom vergangenen Abend; was das anging, ähnelte ich, als wir auf die

Straße 95 in Richtung Ono einbogen, nun also ungefähr meinen beiden Begleitern.

Wir wanden uns aufwärts durch die gelbgrünen Hügel, der Bambus glänzte in der Sonne, ein Mann beackerte den Boden; das war hier noch nicht verboten, anders als im Dorf Iitate, das sich 40 Kilometer nordwestlich des Kraftwerks und somit außerhalb beider Evakuierungszonen befand; es hieß, Iitate werde bald geräumt werden. Ich ertappte mich dabei, dass ich öfter als sonst auf das Dosimeter sah. Der Fahrer schwieg. Unter dem Mundschutz stand mir der Schweiß auf der Oberlippe. Als wir in Ono einfuhren, sahen wir am Straßenrand Geröll, das nichts mit dem Beben zu tun haben mochte, und ein paar Flecken Schnee am Hang. Was für ein herrlicher Ort für Wanderungen in den Hügeln, dachte ich. Der Fahrer wies uns auf ein paar Nara-Bäume hin (gut für die Pilzzucht, sagte er; ein paar Tage darauf wurde auf dem Nachrichtenbildschirm im Schnellzug von Hiroshima nach Tokio gemeldet, in einer bestimmten Zone rund um den Reaktor dürften keine Pilze mehr geerntet werden, da die gesetzlichen Strahlungsgrenzwerte überschritten seien). In Ono gab es fast überall, wo ich hinsah, kleine Parzellen, in denen Gemüse angepflanzt war, in säuberlichen Reihen, jung und grün; war es giftig? Die Sonne schien mir seltsam warm auf die Handgelenke, vielleicht juckten sie aber auch vom Potassiumjodid. »Hier leben Bauern«, merkte der Fahrer zufrieden an; da begriff ich, dass er selbst vom Land kam.

Wir bogen auf die Straße 349 ein, fuhren dann links auf die 36 in Richtung Tomioka, das zwangsgeräumt worden war. Im Stadtzentrum von Tamura (ein mit ziegelgedeckten Häusern gepflastertes Tal) standen viele allerliebst getrimmte Kiefern, und hinter den Hecken erhoben sich gelegentlich die bei japanischen Gärtnern so beliebten unregelmäßig phallischen Felsbrocken. Die Geschäfte hatten noch geöffnet. Wir ließen Tamura hinter uns, eine, wie der Fahrer uns erklärte, neu zusammengefasste Verwaltungseinheit aus kleinen Dörfern; ich fragte mich, ob der Ort bewohnt bleiben würde. Auf der vom Beben aufgerissenen Straße rollte vor uns ein Polizeiwagen mit Blaulicht den Hügel hinauf. Dann drehte er um. »Vielleicht kommt er der Strahlung zu nahe!«, lachte der Fahrer, und wer wollte beschwören, dass er Unrecht hatte? Handelt diese Geschichte doch von Dingen, die kaum zu glauben sind, geschweige denn zu verstehen.

Wir machten halt, um mit einem alten Mann mit Gummistiefeln, Wathose und Fischermütze zu sprechen; über den Schultern trug er eine jener langen Stangen, an denen man geernteten Reis zum Trocknen aufhängt. »Tut mir leid«, sagte die Dolmetscherin, »ich kann seinen Dialekt nicht verstehen.« Sie hörte heraus, dass die Reisfelder auf der anderen Seite der Straße ihm gehörten; er besaß ein größeres Stück Land, vier *tang* oder auch 1 200 *tsubo*. Er sagte, die Bauern könnten ihre Ernte nicht mehr verkaufen.

»Ist es hier gefährlich?«

»Sie sagen nicht, es sei ungefährlich.«

Wir verbeugten uns, dankten ihm und stiegen wieder ins Taxi.

Auf der ansonsten verlassenen Straße kam uns ein Auto entgegen; unser Fahrer fragte die alte Dame am Steuer, ob man nach Kawauchi durchkäme. Sie sagte: »Fahren Sie«, wobei sie den Mund die ganze Zeit über höflich mit der Hand bedeckt hielt. Das Messgerät stand weiter auf 2,7 Millirem.

Wir hielten uns jetzt parallel zum Fluss, an dessen anderem Ufer zahlreiche Nara-Bäume mit schlanken Stämmen wuchsen; das war offenbar die Eiche Japans. Ich bat den Fahrer anzuhalten. Wo unlängst noch winterlicher Wald gewesen war, spross es jetzt grün. Mich erfasste ein seltsames, beinahe unheimliches Gefühl. Wie schön, die grünen Flechten auf den Felsen! Im kühlen Schatten der Zedern lagen die Nadeln so dick auf dem Boden, dass mein Schritt keinen Laut mehr machte. Flach und grün fiel das Sonnenlicht durch die Bäume. Ein unbekannter Vogel pfiff immer wieder seinen Ruf aus zwei Tönen. Auf einem dieser massigen, flachen Felsblöcke hätte ich gern ein Picknick gehalten. Ich genoss die kühle Brise an meinem Rücken; der Grad ihrer Verstrahlung war natürlich unbekannt. Ich spazierte über eine Brücke auf die graurosafarbenen Nara-Bäume zu, hinter denen sich eine weitere Wand aus Zedern erhob. Neben mir wuchs ein Hain aus jungem grünem Bambus. Ich blickte hinab in den jadegrünen Fluss mit seinen weißen Fächern und Bändern aus Schaum an jeder der moosbewachsenen kleinen Felseninseln, vergaß, wo ich war, und nahm einen Augenblick lang den Mundschutz ab, der vielleicht sowieso nutzlos war.

Weiter ging die Fahrt, und nicht lange nachdem wir am Straßenrand ein paar Holzkisten entdeckt hatten, die dem Fahrer zufolge zum Sammeln von Wildbienen dienten, verkündete ein aufgestelltes Schild ganz unaufdringlich: ZUTRITT POLIZEILICH BESCHRÄNKT. Und so erreichten wir das Dorf Kawauchi, zehn Kilometer vor dem inneren Kreis. In den Häusern rührte sich nichts. Der Fahrer sagte:»Vielleicht sind sie evakuiert worden. Ein schlechtes Zeichen.«

An einem Hang gleich an der Straße stand ein hübsches Holzhaus. Ich sah einen alten Mann, der in Watstiefeln irgendetwas verrichtete, bat den Fahrer, wieder anzuhalten, und die Dolmetscherin und ich stiegen aus und stellten uns Herrn Sato Yoshimi vor, der sagte:»Ich bin nach Koriyama ins Aufnahmelager gegangen und heute erst zurückgekommen.«

»Warum sind Sie zurückgekommen?«

»Ich war ungefähr einen Monat in der Großen Palette und musste einfach nach meinem Haus sehen. Morgen gehe ich zurück in die Große Palette.«

»Warum sind Sie dorthin gezogen?«

»Man hat den Menschen hier gesagt, innerhalb des Zwanzig-Kilometer-Radius müsse man räumen. Innerhalb des Dreißig-Kilometer-Radius wolle man es vielleicht freiwillig tun. Also hat man dieses Dorf sicherheitshalber räumen lassen.«

Das verstand ich nicht ganz; aber wer genau die Evakuierung angeordnet hatte und wie freiwillig sie gewesen war, wollte dieser alte Mann mit seinen kaputten Zähnen vielleicht nicht genau sagen. Sein weißer Mundschutz baumelte ihm zwischen Kinn und Hals.

»Wie haben Sie das Erdbeben erlebt?«

»Ich war vor Ort«, antwortete er. »Ich habe an Turbine 4 gearbeitet. Ich bin seit über dreißig Jahren im Reaktor beschäftigt.«

»War das eine gute Stellung?«

»Na ja, vor dem Unfall hat es mir Spaß gemacht. Man hätte ja nie gedacht …«

»Und was geschah dann?«

»Es war gegen zwei Uhr dreißig. Im Gebäude waren die Erschütterungen fürchterlich, und die Lampen fielen von der Decke. Überall Sand und Staub – man konnte die Hand nicht vor Augen sehen. Ich war im Sperrbereich, wo man die von Tepco vorgeschriebene Schutzkleidung tragen muss und jeder ein Dosimeter hat.«

»Haben Sie es noch?«

»Ich habe es im Reaktorgebäude gelassen.«

»Haben Sie den Tsunami gesehen?«

»Ich bin noch rausgekommen, unmittelbar davor. Ich habe mich vom Gebäude Nr. 4 aus zu Fuß auf den Weg gemacht, mit meinen Kollegen. Aus den Rohrleitungen trat viel Wasser aus, weil der Boden sich gesenkt hatte. Man arbeitet im Team – zu sechst. Wir haben das Gebäude gemeinsam verlassen. In vier Kilometer Entfernung gibt es eine Dienststelle. Dort haben wir uns gemeldet. Als alle dort waren, hat man uns gesagt, wir könnten gehen, wohin wir wollten, auf eigene Verantwortung.«

Sein Arbeitgeber war ein Subunternehmen von Tepco namens Nito Resin. Er werde noch immer bezahlt, sagte er; das Gehalt für den vergangenen Monat sei eingegangen.

»Wie lange werden Sie wohl noch in der Großen Palette leben?«

»Keine Ahnung. Das hängt von der Strahlung hier ab. Wenn die Einschränkungen nicht aufgehoben werden, werde ich kaum zurückkommen können. Die Strahlung ist hier recht niedrig, 0,5 oder 0,6 Millisievert.[37] Meine Tochter ist im Zwanzig-Kilometer-Radius. Sie und ihre Mutter sehen nach ihrem Haus.[38] Ich glaube, für kurze Zeit darf man hinein.«

An der Grenze des Grundstücks mit seinem starken Gefälle floss unter den Zypressen ein brauner Bach. Auf der anderen Straßenseite hatte er seinen Garten: Daikon-Rettich, Lauchzwiebeln, Kohl, grüne Bohnen. Ich wünschte, ich könnte Ihnen sagen, ob man essen konnte, was er anbaute.

Wir machten unsere Abschiedsdiener und fuhren weiter, während er sich auf der Auffahrt mühsam beugte und langsam weiter aus seiner türkisen Plastikkanne eine Pflanze begoss. Im Haus weinte ein kleines Kind, und mein Dosimeter zeigte weiter angenehme 2,7 Millirem an. An der Kreuzung bogen wir rechts ab, wie er es uns geraten hatte, und der Fahrer sagte:»Normalerweise sterben Reaktorarbeiter jung, es wundert mich wirklich, dass er noch lebt. Einer meiner Freunde hat dort gearbeitet und wollte in den Ruhestand gehen. Er hat einen Nudelladen aufgemacht und ist kurz darauf gestorben.«

»Wie alt war er?«

»Etwas über vierzig.«

»War es Krebs?«

»Die Einzelheiten kenne ich nicht.«

Diese Anekdote sagte mehr über den Fahrer aus als über den Reaktor oder die Atomkraft. Ein Mensch ist jedenfalls für eine Stichprobe nicht sehr viel. Wir fuhren wieder durch Reisfelder, meine Stirn war heiß und juckte; ein Insektenstich vielleicht. Wir kamen an zwei Hunden vorbei, die ohne Leine vor dem Rathaus von Kawauchi herumliefen, und erreichten den inneren Kreis, wo eine Reihe Polizisten mit ihren blauen Westen mit den gelben Leuchtstreifen stand. Die weißen Masken bedeckten ihr Gesicht vom Kinn bis an den Nasenrücken, und die weißen, in die Augen gezogenen Helme saßen ihnen fest und gerade auf dem Kopf. Ihre weiß behandschuhten Hände hingen locker herunter, die Stiefel glänzten. Sie verboten uns die Weiterfahrt, also ließ ich den Taxifahrer umkehren und einen Block weiter parken, in einer Straße, in der die Einheimischen ganz nach Belieben durch einen unbemannten Kontrollpunkt fuhren und sich selbst die wenig beeindruckende Schranke anhoben. All diese Menschen hatten es eilig. Wann immer die Dolmetscherin und ich sie zum Halt winkten, sagten sie, ganz entgegen der berühmten Höflichkeit der Region Tohoku: »Keine Zeit!« Ihr Ziel war ausnahmslos die Große Palette.

Ich schlenderte in die verbotene Zone, nur um sagen zu können, dass ich dort gewesen war. Die Dolmetscherin kam mir ein, zwei Schritte weit nach und blieb dann stehen. Der Fahrer saß mit hochgekurbelten Fenstern im Wagen. Jedes Mal, wenn ich zu ihm hinüberblickte, ließ er ungeduldig den Motor an. Hätte ich darauf bestehen sollen, dass er weiter in die Zwangsräumungszone fuhr? Mein Dosimeter hatte keinen neuen Strahlungsanstieg registriert; was Gamma-Strahlung anging, schien das Risiko also nicht zu groß zu sein, und vielleicht wäre diese Story dramatischer ausgefallen, wenn ich aggressiver vorgegangen wäre, aber wer weiß – denn was hätten wir zu sehen bekommen außer mehr leeren Häusern und Erdbeben- und Tsunamischäden und dann den Reaktor, der auf den Drohnenaufnahmen in der Zeitung aussah wie jede x-beliebige matschige Baustelle? Ich glaube, der Fahrer wäre weitergefahren, wenn ich ihn darum gebeten hätte; was meine treue und mutige Dolmetscherin angeht, die sagte schlicht: »Ich werde Ihnen folgen.« Vielleicht hätten wir beide uns mit Atemmasken, gelben Küchenhandschuhen und dem ganzen Rest ausstaffieren und dann zum Kraftwerk Nr. 1 marschieren sollen. Ehrlich gesagt, mir fehlte die Rücksichtslosigkeit, das von ihr zu verlangen. Ich hätte natürlich auch alleine losziehen und die beiden dort auf mich warten lassen können. Warum habe ich es nicht getan? Vielleicht hatte ich Angst und wollte sie mir nicht eingestehen; aber ich glaube, ich sah einfach keinen Sinn darin.

Die Vögel zwitscherten, die Pflanzen sprossen, und die Bäume schlugen aus. Es war jetzt sehr warm. Auf einer Mauer wuchs

Moos, und in den verlassenen Häusern waren alle Vorhänge zugezogen. Versuchen Sie, sich diese Häuser mit den geschlossenen Vorhängen vorzustellen, wenn Sie können, und die Schatten ihrer silbern eingefassten Dachschindeln, die blauen Blumen in jemandes Hintergarten, der wie der Rasen vor anderen Häusern noch immer anständig gemäht aussah, der kalten Jahreszeit wegen vermutlich. An einem anderen Haus hatten ein paar Topfpflanzen zu welken begonnen, aber die anderen standen noch immer makellos da. Vielleicht kehrten mehr Menschen aus der Großen Palette nach Hause zurück als allgemein angenommen.

Hinter einer Außentür stand eine Schiebetür weit offen. Wir riefen und riefen, aber niemand antwortete. Ich informierte die Polizei am Kontrollpunkt, weil der Taxifahrer von gestern Abend gesagt hatte, in der geräumten Zone seien inzwischen Einbrecher unterwegs.

Im Schatten eines alten Holzhauses standen neben sauberen Schaufeln ganz ordentlich ein paar Fahrräder angelehnt. Eine Reihe Sandsäcke, zum Schutz vor Tsunamis vielleicht, lief rund ums Haus.

Was soll man sagen zu diesem Ort? Der Morgen warf seine Schatten, die Vögel sangen, das Dosimeter stand auf 2,7 Millirem, die Schatten der elektrischen Leitungen tanzten auf der gerippten Betonfassade einer Werkstatt, ein kleiner schwarzer Käfer kroch über einen Sandsack.

Ein Bus passierte den Hauptkontrollpunkt, dann ein Laster, dann drei Autos, die Polizisten winkten sie alle mit ihren weiß behandschuhten Händen durch, dann schlossen sie die Schranke wieder, und alle fuhren zurück in Richtung Koriyama. Dann näherte sich ihnen von unserer Seite aus ein Mann auf einem Motorrad.

»Wenn Sie keinen ganz besonderen Grund haben, darf ich Sie nicht durchlassen«, erklärte ihm ein Polizist.

»Aber mein Bruder ist in der Zone. Gibt es noch einen anderen Weg?«

»Vielleicht kommen Sie noch ein kleines Stück weiter«, sagte der Polizist.

Also fuhr der Motorradfahrer weiter zu dem unbemannten Kontrollpunkt, durch den die Dolmetscherin und ich uns geschummelt hatten. Später berichtete der Taxifahrer, der mit dem Mann gesprochen hatte, er habe sich über ein brennendes, prickelndes Gefühl beklagt, eines der ersten Symptome massiver Verstrahlung natürlich. Psychosomatisch vielleicht oder irgendeine allergische Reaktion; niemand, den wir in Koriyama oder gar in der Großen Palette befragten, hatte von einem Fall von Strahlenkrankheit gehört.

Dann rief der Fahrer uns zu sich. Er hatte einen echten Einheimischen entdeckt: bärtig und grau, mit einem hochroten Arbeitergesicht, in blauer Regenjacke und Mütze; er dürfte um die fünfzig gewesen sein. Er trug grüne Handschuhe, einen Mundschutz und grüne Stiefel. Das Eisengitter der Showa-Shell-Tankstelle war nur halb hochgezogen. Gebückt stand er direkt davor und spritzte mit einem Schlauch ein Stück Gehweg ab. Während er mit uns sprach, arbeitete er ohne Unterbrechung weiter. Er bat uns nicht in sein Haus nebenan, wo kurz der Vorhang hinter dem Fenster im ersten Stock aufging und eine wunderschöne weibliche Hand aufblitzte, die über der Vorhangstange ein Handtuch zusammenlegte; diese Ehefrau oder Tochter erledigte drinnen offenbar die Wäsche. Die Vorhänge schlossen sich wieder. Der Arbeiter sagte: »Dies ist das Gebiet, wo man im Haus bleiben muss. Das ist mein Gebiet. Wir werden bald gehen. Wir haben eine Katze, die drinnen bleiben muss, und es tut uns so weh, dass wir sie nicht nach draußen lassen können. Ich bin hier der Chef der Feuerwehr, also prüfe ich jeden Tag die Strahlung im Gemeindebüro. Heute haben wir 0,38 Millisievert. Am 17. sind alle weg …«[39] Er unterbrach seine Arbeit nicht, bis ich ihm meine beste Atemschutzmaske zum Geschenk machte und er innehielt, um sich tief zu verbeugen, dann machte er hastig weiter.

Noch immer spürte ich die kühle Brise im Rücken, und der

Bach klang lauter als fast alles andere. Ich inspizierte einen kleinen Vogel im Gras, Rost an einem Geländer, beschnittene Kiefern, dann ließ ich den Blick über nacktes, leeres Pflaster schweifen. Ich ging eine letzte Auffahrt hinauf und klingelte. Die Glocke läutete und läutete; die Tür war abgeschlossen.

Am deutlichsten sind mir aus irgendeinem Grund die Fahrräder im Gedächtnis geblieben, säuberlich an die leeren Häuser gelehnt, die ihnen Schatten spendeten.

Wann immer ich zu ihm hinsah, ließ der Fahrer eifrig den Motor an. Er erinnerte mich an den verlorenen Jungen, der unmittelbar vor den heißen Quellen von Sendai auf dem verschneiten Gehweg zu stehen hat, nur um sich zu verbeugen, falls ein Besucher kommt. Schließlich fragte ich ihn nach seinem Befinden. »Wirklich besorgt bin ich nicht«, sagte er, »aber irgendwie ist mir unbehaglich.«

»Was macht Ihnen das größte Unbehagen?«

»Ich sehe die Autos, aber keine Menschen.«

Ich erbarmte mich und bat ihn, uns auf den Rückweg zu bringen. Sehr langsam fuhren wir auf dem glatten Pflaster zur Gabelung der Straßen 399 und 36, und als der Weg dann wieder aufwärts in die Hügel führte, lange vor Herrn Satos Haus, ließ ich den Fahrer erneut anhalten, denn ich hatte noch eine Chance erspäht, als Journalistengeier auf etwas herabzustoßen: Es gab Anzeichen menschlichen Lebens! Ein älteres Paar, beide mit dem nahezu nutzlosen Papiermundschutz, eilte aus dem Haus, die geschotterte Auffahrt hinab, jeder zu seinem Wagen. Ich lief hin und wollte sie aufhalten, und die Dolmetscherin verbeugte sich allerhöflichst und bat sie, uns fünf Minuten zu gewähren, aber die Frau sagte: »Wir haben keine Zeit. Wir haben gerade zum ersten Mal nach unserem Haus gesehen, seit wir nach Tochigi umgesiedelt sind.« – »Wie lange ist das her?« Sie ließ die ganze berühmte Geduld und Höflichkeit von Tohoku fahren und kreischte: »Wir haben keine Zeit, wir haben keine Zeit!« Worauf sie ohne Abschiedsgruß in ihre Autos sprangen – der Mann schwitzte rund um seinen Mundschutz – und mit geradezu verkehrsgefährdendem Tempo die Straße 399 in Richtung Koriyama und Tochigi hinaufbrausten.

Sie wirkten verängstigt, merkte der Fahrer an.

Wir befanden uns auf dem Rückweg auf der Straße 399, es ging bergauf in Richtung Koriyama, vorbei an terrassierten Hängen und Pflaumenblüte, in meinen Handgelenken ein seltsames Stechen, bestimmt nur vom Sonnenbrand oder dem Potassiumjodid; nun ging es wieder bergab, silbrig glitzerte ein brauner Fluss in der Sonne, und da sprang das Dosimeter auf 2,8 Millirem um. Ich sagte nichts. Im Rückspiegel sah ich im traurigen Blick des Fahrers Verwirrung und Angst.

»Seit zwei, drei Tagen tränen mir die Augen«, sagte er. »Hat das mit der Radioaktivität zu tun?«

Dieser liebenswürdige, sture, regeltreue Mensch, geboren in einem Haus mit traditionellem Strohdach und stolz auf die gute Gesundheit seiner sechsundachtzigjährigen Mutter, der mir seine Quittung schon im Voraus ausgestellt hatte und daher entschieden jede Zuzahlung für die beiden Extrastunden verweigerte, die mein Trödeln in Anspruch genommen hatte – von dem Gefahrenzuschlag, den ich ihm geben wollte, ganz zu schweigen (einen Bruchteil davon nahm er an) –, er machte auf mich den Eindruck eines jener Toren, wie sie den Mächtigen auf der ganzen Welt so nützlich sind. Ich fragte ihn, ob er wisse, was Radioaktivität sei, und er sagte: »Keine Ahnung. Verdunstet das? Ist das eine Flüssigkeit?«

»Sollte Tepco bestraft werden?«, wollte ich wissen.

»Das war offizielle Regierungspolitik«, sagte er treu ergeben. »Sie haben es für die Nation getan.«

IV. KIRSCHBLÜTE

AM TAG MEINER ANKUNFT IN Hiroshima setzte das Energieministerium den Reaktorunfall hoch auf die Stufe 7, so schlimm wie Tschernobyl. Eine Behörde erklärte, bisher seien 370 000 Terabecquerel freigesetzt worden. Eine andere sprach von 630 000 Terabecquerel.[40] Ich vermutete, dass niemand Genaues wusste und alle logen.

Ich fragte den rundgesichtigen Taxifahrer, was er für schlimmer hielt, den Reaktorunfall oder die Atombombe auf seine Stadt, und er antwortete: »Die Atombombe natürlich! Sie hat auf einen Schlag über 200 000 Menschen umgebracht!«

(Eine Schautafel im Museum gab die Zahl der Todesopfer mit 140 000 bis Ende 1945 an.)

Ich sagte, dass die Menschen in der Region Tohoku über die Ereignisse in Hiroshima offenbar wenig wussten und sie ihnen eher egal seien, worauf er mit seiner näselnden Stimme zurückgab: »Natürlich. In die Museen gehen mehr Ausländer als Japaner. Ich war damals drei Jahre alt. Am Tag zuvor hatte man uns befohlen, die Stadt zu verlassen, weil Hiroshima ein militärisches Zentrum und gefährdet war.«

Er lachte, recht zynisch und verbittert, wie ich fand. Seine Mutter brachte ihn aufs Land, aber am Tag nach dem Abwurf von Little Boy kehrte sie aus Sorge um Verwandte nach Hiroshima zurück, was sie – die Glückliche! – für den Strahlungsopferstatus qualifizierte. »Sie hatte keine Symptome, aber als ich vierzehn war, wurde ihr Status anerkannt. Was mich angeht, wenn man den Hibakusha-Gesundheitspass besaß, wenn man ein Opfer war, dann bedeutete das, dass einen niemand heiratete, also wollte ich keinen.«

Er fuhr fort: »Wer nah an der Kuppel gelebt hat« – dem Hypozentrum der Explosion –, »der sagt es nicht, weil man sonst diskriminiert wird.«

»Wie viele Jahre hat es gedauert, bis die Radioaktivität verschwunden war?«

»Da bin ich mir nicht sicher, aber 1945 hieß es, fünfzig Jahre lang würden keine Pflanzen mehr wachsen, und schon bald spross das Unkraut wieder.«

»Glauben Sie, der Reaktorunfall von Fukushima könnte die Menschen hier tangieren?«

»Ich glaube, für mich ist er eher unwichtig. Das betrifft mich nicht. Im Museum werden Sie sehen, von der Atombombe bekommt man Verbrennungen, und die Haare fallen einem aus«, erklärte er weise, und so hielten wir dort, am Ufer das Flusses Hongkawa, im weißrosa Gewölk der Kirschblüte.

Ich besuchte das Friedensgedenkmuseum von Hiroshima, und das Herz wurde mir so graubraun wie ein versalzenes Reisfeld. Die fleckigen Fetzen der Sommeruniform und des Unterkleides, die das dreizehnjährige Schulmädchen Oshita Nobuko sich genäht hatte, oh ja, diese plattgedrückten, ausgeblichenen blutfleckigen Andenken, musste man mehr sehen als das? So wie man in diesem Museum eine Glühbirne ausgestellt findet, die bis auf einen säuberlichen durchsichtigen Ring an der Fassung schwarz bemalt wurde, um, wie minimal auch immer, die Wahrscheinlichkeit zu reduzieren, dass die alliierten Bomber nächtliche Ziele ausmachen konnten, so konnte ich von verschiedenen Fragen und Aspekten der Radioaktivität das Wenige sehen, was es zu sehen gab; und ich habe Ihnen überliefert, was ich gesehen habe. Was habe ich schon gesehen? Was habe ich schon verstanden?

In Hiroshima registrierte mein Dosimeter alle 24 Stunden 0,2 Millirem – das Doppelte der Hintergrundstrahlung von Tokio. Zuerst glaubte ich, auf irgendeinen Überrest der Bombe gestoßen zu sein, aber ein amerikanischer Dosimetrist befand später, der Messwert bewege sich wahrscheinlich im Rahmen des Regelwerts aus der Voratomzeit für dieses Gebiet.[41]

Auf der Bank gegenüber den Ruinen der Industrie- und Handelskammer mit ihrer Atombombenkuppel saß ein Kind mit Pferdeschwanz auf dem Schoß seiner jungen Mutter, kicherte und rieb seine Nase an ihrer; durch die leeren Fensteröffnungen im Mauerwerk leuchtete der blaue Himmel.

Dann begann es Blütenblätter zu regnen, sie verloren sich auf dem Weiß der Gehwegplatten aus Granit, schwebten herab auf das lange schwarze Haar zweier junger Frauen, die einander gegenübersaßen und Kaffee tranken.

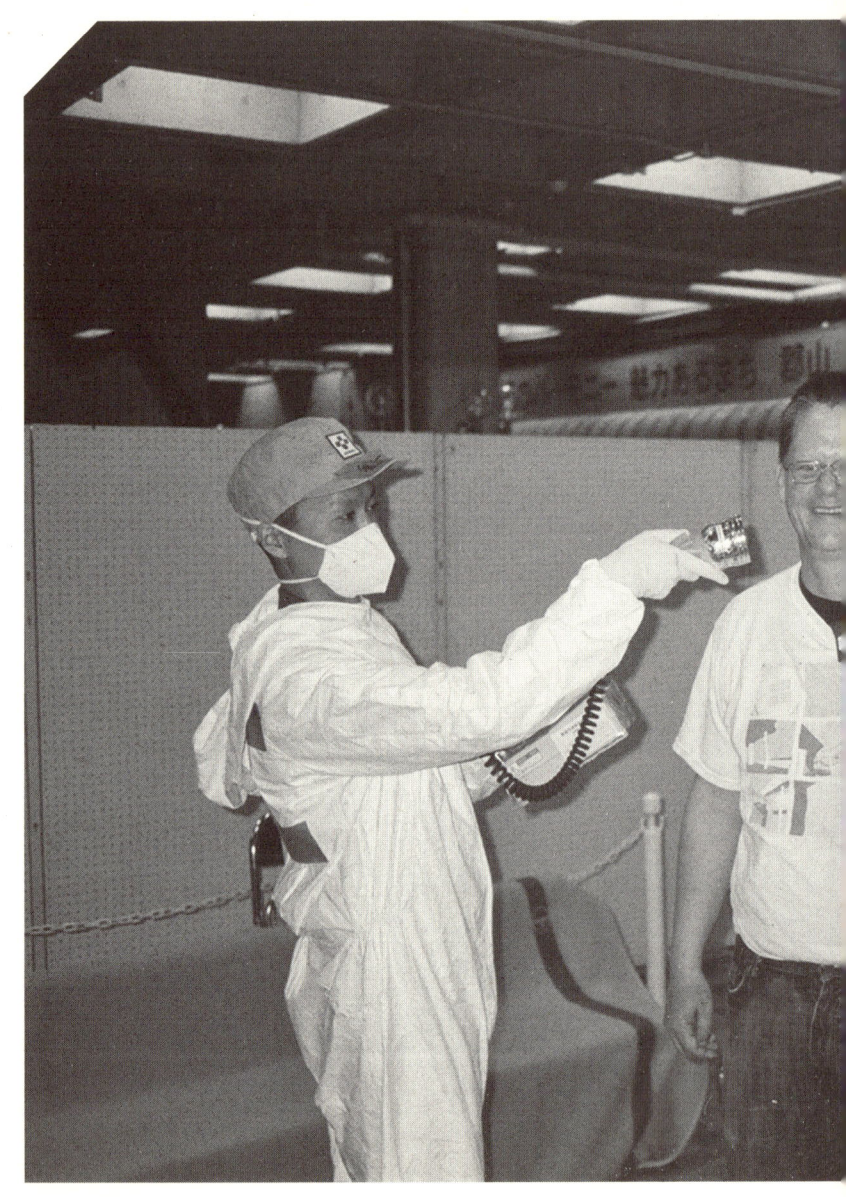

Anmerkungen

1 Jill Meryl Levy, *The First Responder's Guide to Radiation Incidents*, Firebelle Productions, Campbell 2006, S. 120.

2 Farrington Daniels, Robert A. Alberty, *Physical Chemistry*, 3. Auflage, John Wiley & Sons, New York 1966, S. 695.

3 Ebd., S. 719. »Nach Vorschrift der AEC sollte kein Arbeiter mehr als 5 Röntgen pro Jahr ausgesetzt sein.«

4 Levy, S. 153, 46 ff., 93 ff. Im Text wird die Belastung durch normale Hintergrundstrahlung in mR (Milliröntgen) ausgedrückt. Für unsere Zwecke gilt: 1 Rem (*roentgen equivalent in man*, eine Maßeinheit biologischer Schädigung) entspricht 1 Röntgen.

5 Ebd.

6 Die Belastung durch eine Röntgenaufnahme des Thorax beträgt 0,0001 Sievert. Ein Sievert entspricht 100 Rem oder 100 000 Millirem.

7 *The Daily Yomiuri*, Nr. 21742 (Dienstag, 5. April 2011, Ausgabe T), S. 1.

8 *The Japan Times*, Sonntag, 27. März 2011, S. 2 (Karte: »Maximale Strahlungswerte in Ost-Japan: Daten von Freitag, 17 Uhr bis Samstag, 17 Uhr«).

9 *The Japan Times*, Sonntag, 27. März 2011, S. 2 (»Radioaktives Wasser behindert Einsatzkräfte«).

10 *The Japan Times*, Sonntag, 3. April 2011, S. 1 (Masami Ito und Minoru Matsutani, »Kontaminierung des Meerwassers auf rissige Lagergrube am Reaktor zurückgeführt: Tepco wirft Beton ab, um Strahlungsleck an Nr. 2 zu stopfen«).

11 Alle Entfernungsangaben im Text beziehen sich auf den giftigen Reaktor Nr. 1. Die Entfernung zu Tokio wird einigermaßen zufällig von dem großen und zentralen Stadtviertel Setagaya aus bestimmt. Die (nicht wirklich) genaue Entfernung beträgt 232 Kilometer zum Reaktor Nr. 1 und 222 zum Reaktor Nr. 2.

12 Ich folge in diesem Aufsatz japanischem Brauch und nenne den Nachnamen zuerst.

13 Mit anderen Worten, der Boden bewegte sich nicht auf und ab, sondern seitwärts – perfekte Bedingungen für einen Tsunami.

14 Die tatsächliche Entfernung ist größer.

15 In der Präfektur Chiba in der Nähe von Tokio.

16 »Zusätzlich stellen wir im Freiluftbad eine Regel auf, die besagt, dass das Baden gemischt ist, und verweigern Ihnen strikt, sich in ein Badetuch zu wickeln.«

17 *The Daily Yomiuri*, Nr. 21742 (Dienstag, 5. April 2011, Ausgabe T), S. 1.

18 Im Original nach *The Teachings of Buddha*, 1029. revidierte Aufl., Bukkyo Dendo Kyoki (Gesellschaft zur Förderung des Buddhismus), Tokio 2000, S. 198 (»Defilements«, 6).

19 1868-1912.

20 Zur Zeit des Interviews zirka 625 US-Dollar.

21 Seine Mutter sagte, die Kapazitäten der Einrichtungen erlaubten in der ganzen Stadt nur die Einäscherung von zwanzig Leichen pro Tag.

22 Die Dolmetscherin sagte »Ansammlung«, aber dies muss die Bedeutung sein.

23 Siehe das Kapitel »Jewels in the Darkness« meines Buchs *Kissing the Mask* (Ecco, New York 2010).

24 Noch eine Anmerkung zur Übersetzung aus dem Japanischen: In dieser Sprache werden die Pronomina manchmal weggelassen. Die wörtliche Übersetzung ergab hier das Satzfragment »das Feuer, das so deutlich von meinem Hügel zu sehen war«. Hier wie im gesamten Text habe ich die Rohübersetzungen auf diese Weise geglättet. Meine Dolmetscherin hat die Endfassung des Manuskripts gesehen und abgesegnet.

25 Shinichi Otsuka (Hg.), *Yamahata Yosuke*, Iwanami Shoten, Nihon no Shashinka 6 (Japanische Fotografen, Bd. 6), Tokio 1998, Abb. 12.

26 Ein genauerer Ausdruck wäre: »in Trümmern liegende Fundamente von Häusern, die jetzt an Felder mit eingebrochener Umfriedung erinnerten.«

27 Heike Monogatari (»Erzählungen von den Heike«), 13. Jahrhundert, Autor unbekannt; im Original nach *The Tale of the Heike*, übersetzt von Hiroshi Kitagawa und Bruce T. Tsuchida, University of Tokyo Press, Tokio 1977, Taschenbuchausgabe der Originalausgabe von 1975, Bd. 1, S. 5.

28 Onigiri.

29 Vermutlich Daikon-Rettich.

30 *The Yomiuri Shimbun*, 9. April 2011, S. 1. Der Messwert für Koriyama um 18 Uhr (natürlich vom Vortag) betrug 1,98 Mikrosievert pro Stunde, das ergibt 47,52 Mikrosievert oder 4,75 Millirem pro Tag – elf Mal so viel wie mein eigener Messwert. Ich kann keinen meiner aufgezeichneten Werte guten Gewissens gegen entsprechende Werte aus einer Zeitung stellen, weil ich an keinem meiner drei Tage, in denen ich mit Koriyama zu tun hatte, komplette 24 Stunden in der Stadt verbracht habe. Die kleinste Einheit des Dosimeters, 0,1, ist im Vergleich zu den glücklicherweise moderaten Strahlungswerten, denen ich ausgesetzt war, so groß, dass eine enorme Fehlerspanne bleibt. Meine Versuche, für die besuchten Orte irgendwie eine provisorische Konstante zu errechnen (von Tokio abgesehen: 1/10 Millirem pro Tag x 1/24 Tag pro Stunde = 1/240 Millirem pro Stunde), waren entsprechend fruchtlos. Mein Annäherungswert für Sendai von 0,012 Millirem pro Stunde

zum Beispiel, nach dem Mittel der Zeit vom 6. bis zum 7. April, liegt durch meinen Besuch der heißen Quellen in den Bergen bestimmt zu niedrig. Die Rechnung von 0,1127 Millirem pro Stunde für Kesennuma und Oshima, basierend auf 17 Stunden am 8. April, kann am Morgen des 9. nicht verifiziert werden, da sich die Strahlung dort nicht wirklich von der zwischen dort und Ohira und zwischen Ohira und Koriyama abgrenzen lässt.

31 Quelle: ML, der meine Zahl von 0,4 Millirem pro Tag für eine »sehr vernünftige Annahme« hielt. Ihm zufolge könnten bis zu 0,2 Millirem in dieser Region normale Hintergrundstrahlung sein. Er behauptete nicht, das mit Sicherheit zu wissen, und ich nehme an, da er für die Atomindustrie arbeitet, wird er in dieser Beziehung zu eher optimistischen Angaben neigen.

32 Wenn die Zahl aus *Yomiuri Shimbun* korrekt und konsistent ist, dann würden ungefähr drei Jahre genügen, die üble 5-Rem-Dosis zu erreichen.

33 Der am weitesten verbreitete Fisch ist (oder war) der Plattfisch.

34 600 Sievert wäre ungefähr das Hundertfache der tödlichen Dosis. Die Strahlenbelastung einer Röntgenaufnahme des Thorax beläuft sich auf 0,001 Sievert.

35 Auf kurze Sicht erwiesen sich wenigstens die Messwerte aus Koriyama als konsistent. Der halbe folgende Tag ging für die Reise nach Tokio drauf; daher verschaffte mir der Tag, wie die Arithmetik es vielleicht hätte voraussagen können, nicht mehr als das Doppelte der Grundstrahlung von Tokio, also 0,2 Millirem.

36 Es handelte sich um das unten erwähnte Dorf Iitate. Eine andere Statistik gab die Dosis in Iitate mit 9,13 Mikrosievert pro Stunde an, was sich zu 21,9 Millirem pro Tag summiert, so dass man die 5 Rem in 228 Tagen erreicht hätte. Vgl. *The Japan Times*, Sonntag, 27. März 2011, S. 2 (Karte: »Maximale Strahlungswerte in Ost-Japan: Daten von Freitag, 17 Uhr bis Samstag, 17 Uhr«).

37 Pro Stunde. Das wären ungefähr 1,4 Millirem pro Tag oder etwa das Vierfache dessen, was mein Dosimeter für Koriyama meldete. Bei dieser Dosis hätte ein Einwohner Koriyamas 5 Rem in ungefähr 9 Jahren und 9 Monaten zusammen.

38 Meine Interpolation. Tatsächlich sagte er: »Also sind sie nachsehen gegangen.«

39 Vermutlich pro Stunde. Das wären 0,91 Millirem pro Tag – ein bisschen niedriger als die Zahl von Herrn Sato. Wenn diese Dosis stabil bliebe, würde es über 15 Jahre dauern, bis man insgesamt 5 Rem ausgesetzt wäre.

40 *Chugoku Shimbun*, 11. April 2011, Seite 1.

41 Quelle: ML.

Bildnachweise

Seite 6:
Landkarte Japan. Foto: Mimi Dutta

Seite 14/15:
Verwüstungen in Ishinomaki. Foto: William T. Vollmann

Seite 56/57:
Soldaten in Ishinomaki. Foto: William T. Vollmann

Seite 82/83:
Polizei in Kawauchi bewacht den inneren Kreis, 20 Kilometer vom Kraftwerk Nr. 1 in Fukushima. Foto: William T. Vollmann

Seite 90/91:
Nach seinem zweiten Besuch in der verstrahlten Zone wird der Autor in Koriyama auf Radioaktivität untersucht.